LES ORATEURS MUTUALISTES

PAR

Jules ARBOUX

SECRÉTAIRE GÉNÉRAL
DE LA LIGUE NATIONALE DE LA PRÉVOYANCE ET DE LA MUTUALITÉ

PRIX : 2 FRANCS

PARIS
G. FISCHBACHER, ÉDITEUR
33, RUE DE SEINE

1914

LES ORATEURS MUTUALISTES

LES ORATEURS MUTUALISTES

PAR

Jules ARBOUX

SECRÉTAIRE GÉNÉRAL
DE LA LIGUE NATIONALE DE LA PRÉVOYANCE ET DE LA MUTUALITÉ

PRIX : 2 FRANCS

PARIS
G. FISCHBACHER, ÉDITEUR
33, RUE DE SEINE

1914

AVANT-PROPOS

On compte quelques organes autorisés de la Mutualité dans la Presse. Il existe même un syndicat de la Presse mutualiste.

Néanmoins, il est certain que les journaux de mutualité répandus parmi nous sont le plus souvent régionaux.

Ils ont besoin de la paix « qui fait tout fleurir », ainsi que l'écrivait Claude Lancelot, le maître érudit qui nourrit notre studieuse enfance de ses savoureux produits empruntés au Jardin des racines grecques. La guerre que nous subissons est venue arrêter leur essor. Il en est, des plus répandus naguère, qui ont cessé de paraître.

C'est que la Mutualité parle plus qu'elle n'écrit. Lorsqu'on veut enseigner la fraternité aux hommes, il est inévitable que l'on exhorte et que l'on prêche. Cela est certain. La prévoyance et le secours mutuels ont leurs apôtres très dévoués et très éloquents.

J'écrivis, en 1910, l'*Art de la conférence*, pensant qu'il serait bon, pour les jeunes gens surtout, de profiter de l'expérience d'un ancien. La présente publication est destinée à servir de suite et de complément à ce livre. C'est l'exemple, après la doctrine, et un exemple donné par des maîtres dont chacun connaît les noms dans notre milieu et qui sont incontestablement de chez nous.

Je souhaite qu'elle ait le même succès, espérant qu'elle trouvera, comme la première, de nombreux et sympathiques lecteurs

LES ORATEURS MUTUALISTES

RÉFLEXIONS PRÉLIMINAIRES

Il y a un art oratoire mutualiste (1).

M. Alexandre Ribot, dans un discours qu'il prononçait comme Président du Conseil, disait que les amis de la Mutualité ont le devoir de s'exercer, avec une application soutenue, afin que leur voix soit entendue « dans ce pays où tout le monde parle bien ».

Mais à quelle école doivent-ils demander des conseils et des leçons?

Il en est deux très différentes, et même entièrement opposées qui se sont donné la mission de traiter les questions sociales, ou qui semblent, si l'on veut, l'avoir particulièrement reçue des cieux.

L'une ne rêve que conflits, controverses, révolutions. Elle jette, agressive et farouche dans la paix des cités, le cri de ses porteurs de journaux : lutte systématique, bataille plus ou moins syndicaliste, guerre sociale. Elle attise la haine et spécule sur une déplorable opposition des citoyens entre eux. Elle ne saurait subsister, si l'on ne se hait point. Gageure étrange, calcul abominable que l'on ne parvient à soutenir et à justifier qu'au moyen de raisonnements arti-

(1) Au moment, où nous faisons cette publication d'actualité, nous tenons à dire qu'il faut voir dans les pages qui vont suivre, non des portraits ou de simples silhouettes, mais quelques impressions fort modestes, en même temps que quelques jugements personnels.

Nous désirons qu'il soit bien établi d'avance que toutes ces impressions sont bienveillantes, fraternelles, assurés que ces jugements personnels ne sauraient porter ombrage à d'éminents orateurs et publicistes.

Peut-être aussi nos confrères et amis trouveront-ils, parmi ces observations sur l'art oratoire, qui ont été dictées à l'auteur par sa vieille expérience, quelques conseils intéressants et quelques avis dont il leur sera possible à l'occasion de tirer parti.

ficieux et d'impardonnables sophismes, qu'on trouve ingénieux ou adroits, mais dont on ne saurait obtenir l'absolution devant la conscience.

L'autre école ne fait appel qu'à la fraternité et à la solidarité de tous les hommes, c'est-à-dire à un ordre de faits, de pensées et de sentiments qui est dans la nature elle-même, dans la vérité par conséquent, ne s'inspirant que du bon sens et ne s'appuyant que sur l'expérience la plus certaine.

C'est à cette école que les mutualistes viennent s'instruire, et tous les orateurs qui ont le don de les émouvoir ou de les charmer s'y rattachent invariablement.

Mêlé moi-même depuis quarante ans au mouvement mutualiste, je veux tenter de donner à ce que j'y ai appris la forme d'un modeste *Traité*, afin d'être utile à la nouvelle génération que l'inéluctable loi du temps et de la vie appellera bientôt à nous succéder.

Je me propose de parler à la fois des personnes, de la chose elle-même, et des lieux les plus connus où s'exerce cette éloquence.

Je m'inspire surtout, au cours de cette étude, de ces réflexions de Timon, dans son *Livre des Orateurs* :

« Le peuple aime les gestes expressifs qui s'aperçoivent de loin et par-dessus les têtes ; il aime les voix chaudes et vibrantes. Soyez naturel avec lui et ne faites pas le comédien... Soyez vrai, remuant, pathétique... Interrogez et répondez... Figures saisissantes, mouvements rapides entremêlés de repos, voilà l'éloquence qui convient en tout pays au peuple. En France, pays moqueur, ajoutez-y un peu d'ironie amère et fine. »

CHAPITRE PREMIER

QUESTIONS A TRAITER

Le public est distrait, affairé, souvent indifférent à tout ce qui ne semble point avoir pour lui un intérêt direct.

J'ai eu, dans mon enfance, un professeur de musique qui, pour attirer chez lui les élèves, leur fournissait les méthodes, les jolis morceaux faciles, et même les premiers instruments. Il avait fait encadrer, et il étalait sur l'un des panneaux de la salle où il donnait ses leçons, un placard où étaient exposés tous les bienfaits de la musique sur notre être physique, tous les services qu'elle peut rendre aux sociétés humaines en guerre ou en paix, et tous les avantages de l'art musical tant au point de vue du pain à gagner que de l'agrément et des jouissances à obtenir.

Une histoire récente nous a montré qu'il n'en est pas autrement de la propagande mutualiste. Il faut qu'on en répande les services, les bienfaits et les merveilles. Son triomphe appelle un apostolat.

Le vulgarisateur en France des *Saving Bank* anglaises, M. de Malarce, avait tenté de mettre en mouvement, peu après le monde de l'épargne, celui de la prévoyance. Il n'y avait point réussi.

Pourquoi? Rien n'est plus simple à expliquer. C'était un érudit assez froid; il n'était nullement orateur.

Son *Comité permanent international mutualiste* n'eut jamais aucune action sur le public. On lisait sur sa liste une foule de noms anglais, allemands, hongrois, russes, espagnols, italiens dont aucun n'était connu en France. L'erreur capitale de ce savant avait consisté en ceci : confier cette propagande éminemment patriotique à un groupe international.

Il y avait des orateurs mutualistes locaux : Bleton à Lyon, M. Vermont à Rouen, le docteur Gyoux à Bordeaux, bien que ce dernier lût plus souvent qu'il ne parlait.

Hippolyte Maze fut le premier à porter dans tous les milieux mutualistes, plus ou moins endormis, le souffle régénérateur de l'éloquence.

Pour les sociétés nombreuses auxquelles il allait faire, dans tous nos départements, de solennelles visites, il devint bientôt *le grand mutualiste français*.

Quelle était la caractéristique de son talent?

L'homme est grand, sa voix est sonore, sa tête est puissante et son visage coloré s'éclaire habituellement d'un sourire dont ses yeux charmeurs complètent l'effet sympathique. Il est parvenu à l'âge mûr, quarante-cinq ans, et ses cheveux déjà très éclaircis laissent voir un large front où germent souvent et s'épanouissent de généreuses pensées. C'est un universitaire, ancien normalien, qui saura retenir sous son autorité et faire marcher sous sa direction la phalange mutualiste, comme à Versailles ou à Paris il gouvernait naguère les élèves presque adultes des classes de rhétorique ou de philosophie qui venaient assister à son cours d'histoire. Il a d'ailleurs, tout naturellement le don de l'autorité. Lorsqu'il préside un comité, c'est sans le moindre effort qu'il sait le conduire où il veut le faire aller. Il n'y a qu'à voir ses mains, dans le tableau fait pour lui qui orne notre siège social à la mairie du VIe arrondissement de Paris. Il a *de la poigne*, comme on disait alors, se servant encore du langage administratif cher aux préfets du Second Empire qui venait de finir. Sans être, comme Crispi ou Luzzati qu'il admire, *mégalomane*, son regard embrasse toujours de vastes horizons. Il fait un grand usage de la publicité, et de nombreux tirages ne sont pas pour l'*étonner*, comme on l'aurait écrit du temps de Molière. Il ose. Il se fie au don de persuasion qui est en lui pour procurer à cette bonne cause des ressources, et il en trouve. Il a une véritable voix d'orateur non point éclatante, mais pleine et sonore, faite pour s'élever et résonner dans les grandes salles. Son langage est bien français, correct, élégant sans être très fleuri. Il trouve des mots que les sous-conférenciers et le public répéteront comme un fidèle écho : « Nous aspirons à faire l'éducation sociale de la nation » ; ou encore : « Nous désirons grouper tous les Français et toutes les Françaises qui veulent travailler ensemble à la paix sociale ». « Toutes les Françaises » est une trouvaille, dix ans avant le féminisme.

Quant aux questions à traiter, il n'a point à en inventer le programme. Le premier Congrès national de la mutualité tenu à Lyon, en 1883, contient toutes celles qui se posent alors au sujet des œuvres de mutualité. Il n'y a qu'à prendre. Encore faut-il bien choisir, et l'universitaire laisse voir tout de suite sa méthode et son discernement dans ce choix. Il met à part sept ou huit questions très importantes dont l'étude va se prêter à merveille aux beaux développements oratoires soit à la tribune du parlement, soit dans les théâtres, soit dans les grandes salles où il vient parler : les comptes exacts en dépenses et en recettes, les inventaires fréquents nécessaires, la préférence à donner au livret individuel sur le fonds commun pour la retraite, les rapports avec l'État, les subventions, les récompenses aux vieux mutualistes méritants, les avantages respectifs de l'approbation et de la liberté.

Lorsque nos relations commencèrent, vers 1886, je fus convié à faire avec lui cette campagne, après une courte collaboration à la *Revue des Institutions de prévoyance*. Il m'offrit la parole après lui dans la réunion mémorable de la Mairie du IVe arrondissement, où le troisième Congrès National, celui de Paris, fut préparé. Un mal subit qui l'empêcha d'aller à Bordeaux m'obligea de le remplacer au pied levé, ce qui est fréquent dans la vie mutualiste. L'épreuve était redoutable. On louait pour lui les plus grandes salles. Je me trouvai tout à coup dans l'immense Alhambra, en présence de 2.500 auditeurs, par un froid de neuf degrés au-dessous de zéro, sans que la salle fût chauffée, le calorifère ne fonctionnant pas. Les journaux dirent que j'avais, avec beaucoup de chaleur naturelle, rétabli la température a laquelle on était en droit de s'attendre. Après cela, pendant dix ans, jusqu'au Congrès de Reims, partout où se trouvait quelque mutualité importante, j'allai faire à mon tour ces grandes conférences de propagande, tâchant de produire la persuasion, d'apporter des solutions exactes aux problèmes qui se posaient, d'être averti, littéraire, et de montrer que le socialisme étatiste déjà menaçant, hardi, n'est pas la mutualité, mais qu'il peut être, lorsqu'il devient militant, son plus dangereux adversaire.

Nous retrouverons l'éminent président actuel de la Ligue, M. Victor Lourties, dans le chapitre de cette étude que je réserve aux membres du Parlement.

Je n'ai point à parler de moi-même. Je me borne à dire, pour mémoire, qu'un journal à qui toutes mes thèses habituelles déplaisaient, parce que je n'étais pas de son parti, signalant mon origine méridionale, avait trouvé l'épithète « fougueux » pour qualifier, au point de vue oratoire, le genre qui était le mien. Les autres voulaient bien aller jusqu'à l'éloquence. Pour celui-là, je ne fus que « fougueux » toujours et invariablement, jusqu'à l'heure où il disparut!

J'avais commencé par traiter les questions du jour, au moment où s'accomplirent les premiers travaux de la Ligue. Naturellement, j'avais emprunté à Hippolyte Maze un certain nombre d'arguments utilisés par lui dans la controverse où il excellait : devoir patriotique, nécessité d'associer la mère de famille à nos efforts, retard de notre pays, alors indéniable en cette matière, démontré nettement par les statistiques concernant l'Angleterre et l'Italie, importance de l'effort à tenter pour notre développement économique.

Mais, à la faveur de l'agitation même que notre *Revue* et nos *Discours* avaient provoquée, d'autres questions fort nombreuses surgirent de nouveau ou même se posèrent pour la première fois. N'avait-on pas organisé récemment les caisses d'épargne scolaires? On doit faire profiter les enfants de nos écoles de tous les progrès qu'il est possible d'accomplir en économie sociale. Pouvait-on rêver quelque chose qui fût plus utile pour eux, et plus modeste en même temps, que la Mutualité scolaire ? Leur parler du secours mutuel, n'était-ce point se montrer bienfaisant, en même temps pour eux et pour la patrie, en leur enseignant la prévoyance? Le débonnaire Cavé, accompagné de l'érudit inspecteur général Édouard Petit, furent heureux de se charger de cet apostolat. Qui ne se souvient du fameux *pont* si souvent entrepris, construit, ébranlé, rebâti, et pourtant fragile malgré tout, puisqu'un si grand nombre de nos écoliers évitent de s'y engager, malgré la persévérance et l'ingéniosité avec lesquelles des architectes consommés se sont appliqués à l'édifier, lorsqu'il s'agit de continuer la vie mutualiste en entrant dans une Société d'adultes ?

Le nom d'Émile Cheysson vient sous ma plume, après celui d'Hippolyte Maze au moment où je m'attache à définir la succession des idées dans le progrès récent de l'institution mutualiste.

L'exercice de la parole exige un entraînement très ancien, peut-être une préparation commencée dès le jeune âge. Beaucoup de professeurs de l'Université ou de l'enseignement libre parlent bien, mais ils sont, sauf exception, plus conférenciers qu'orateurs. De nombreux médecins ou chirurgiens parlent bien également, mais c'est à des cours d'école qu'ils ont une véritable aptitude, et c'est dans l'action qu'ils excellent, soin des malades ou opérations chirurgicales. Cheysson avait en économie sociale une telle autorité qu'il lui suffisait de prendre la parole pour commander l'attention la plus soutenue à ses auditeurs. Il aurait pu sans crainte se livrer à l'improvisation, vu la richesse naturelle de sa documentation, la sûreté de sa critique et l'abondance de ses aperçus. Eh bien! par je ne sais quel effet de ses habitudes d'ancien élève de l'École polytechnique et de professeur, il préférait lire le manuscrit qu'il avait préparé, surtout dans les circonstances où il avait la volonté de donner la plus grande portée à ses paroles.

Il lisait bien. Je me suis souvent demandé en l'écoutant, si ce n'est point la caricature (et non le portrait) du liseur que Timon a dessinée d'un crayon si amusant dans la classification à laquelle il propose de ramener les diverses sortes d'orateurs :

« Les liseurs mettent le papier devant leur bouche, et les sons répercutés n'arrivent pas aux auditeurs. Un liseur dont la voix n'est pas éclatante est complètement inintelligible. S'il est Alsacien, il parle du fond du gosier; s'il est Gascon, du bord des lèvres; Parisien, il est grasseyeur; Normand, il est traînard. S'il est trop diffus, il fatigue ; s'il est trop concis, on perd haleine à le suivre... »

« Le négligé sied à la tribune. »

Émile Cheysson lisait bien, dis-je. Il divisait également à merveille son sujet, et ses divisions étaient si claires qu'il faisait écouter sans fatigue une dissertation d'une certaine longueur, même à la fin d'un banquet, sous le lustre allumé, dans l'illumination des candélabres et parmi les fumées légères, s'élevant en spirale, des cigares ou des cigarettes qu'on venait d'allumer.

Il nous a présenté dans ces conditions et parmi les splendeurs de ce riche décor, son étude sur la mutualité rurale, le soir même du dix-huitième ou dix-neuvième anniversaire de la création de notre Ligue nationale de mutualité.

Une idée plus ou moins nouvelle entrait-elle en circulation par les organes quotidiens de la publicité, il en étudiait la portée pendant quelque temps. Lorsqu'il l'avait admise et jugée bonne, il cherchait à en favoriser la diffusion par tous les moyens en son pouvoir. Un jour, par exemple, à la Société générale des prisons, quelqu'un s'étonne qu'on n'ait pas étendu aux condamnés qui subissent leur peine dans les établissements pénitentiaires, le bénéfice de l'assurance contre les accidents. Une assurance peut-elle être mauvaise? se demande-t-il aussitôt. Non certainement. Telle est sa réponse qu'il était aisé de prévoir. L'idée paraît étrange. On en renvoie l'application aux calendes dans cette société même et ensuite, apres un examen sommaire, on déclaro que cela regarde le Conseil supérieur des prisons. Mais deux ou trois mois après, il la reprend et il en fait l'objet d'un rapport, ce qui crée pour son adoption une présomption favorable. Il a rédigé un projet; cela prend corps. Le Conseil supérieur des prisons examine de nouveau la proposition. Il faut du temps pour tout cela. Deux ans s'écoulent. Émile Cheysson est mort. Mais le Gouvernement s'est emparé de la proposition, la faisant sienne. Elle est adoptée par le Parlement. Nous avons une loi nouvelle. Les Parlementaires sont des gens heureux. On dit loi Siegfried, loi Bérenger, loi Strauss, loi Ribot, loi Ferdinand-Dreyfus. En parlant de quelques-unes, on pourrait dire à certains égards aussi, loi Cheysson. Il n'était pas membre du Parlement. Mais ces simplifications qui donnent à un sénateur ou à un député la paternité d'une loi, sont souvent trop sommaires. Elles ne disent pas toujours « toute la vérité ».

Le président du Comité technique de la Ligue nationale de la Mutualité a donné une autre preuve de sa persévérance lorsqu'il s'est agi de répondre au questionnaire du Sénat sur les retraites. La haute assemblée avait pris le sage parti de consulter les mutualités intéressées. En dehors même des parlementaires mutualistes, deux hommes d'un remarquable esprit, MM. Touron et Cuvinot, s'intéressaient vivement à la solution de ce problème. Ils avaient consulté la Ligue. Ils n'entendaient prendre un parti qu'après avoir eu l'une de ces réponses établies sur la statistique et sur les faits qui sont vraies sans le moindre doute, parce qu'elles sont scientifiques. Notre éminent collaborateur était le vice-président de l'Institut des actuaires français, le professeur d'Économie sociale que l'École libre des Sciences politiques avait appelé, au choix, dans la chaire fondée par le comte de Chambrun, et il était chargé du même enseignement à l'École des mines. Il tint à rédiger lui-même la réponse au questionnaire du Sénat et il eut gain de cause devant la Commission. Il est vrai que l'on sortit d'embarras un peu plus tard par un vote politique. Mais Émile Cheysson se montra libéral tenace. On se souvient que M. Millerand avait fait entrer dans les projets du Gouvernement, dès 1900, le principe de l'obligation. La promulgation n'a eu lieu que le 5 avril 1910. Nous avons vu par cet exemple ce que peut une opposition résolue, même lorsqu'elle n'est point dirigée contre les ministres par un contradicteur qui peut monter lui-même à la tribune du Parlement. Ces études scientifiques fournissent à l'opposition des arguments, des renseignements, des statistiques. Il a fallu dix ans pour faire de ce projet une loi. Encore est-il visible que cette loi n'a pas été acceptée avec faveur par l'opinion libérale, puisque beaucoup d'assujettis lui sont réfractaires encore aujourd'hui, malgré les plus intelligents et les plus persévérants efforts des hommes qui sont au pouvoir.

Faut-il regretter qu'un tel savant, un esprit si perspicace, un controversiste si averti et si délié, n'ait pas fait partie des assemblées politiques? Non. Il était fait pour le travail de cabinet. Il ne parlait point sans étude préalable *de omni re scibili*, comme Pic de la Mirandole. C'était l'académicien-né, le savant, dès sa jeunesse destiné à l'Institut. Il avait le regard clair, une pénétration extraordinaire, un tel pouvoir d'assimilation que sa pensée allait avec la rapidité de l'éclair au-devant de la vôtre, et qu'il devinait ce que vous alliez dire.

Il faut dans les assemblées politiques, moins de finesse, moins de scrupules scientifiques, et une plus grosse voix. Un signe particulier est à retenir. On se souvient de Tartarin racontant ses luttes contre les fauves et notamment l'accident inouï jusque-là qui se produisit au cours de l'un de ses combats contre les lions :

> Les cheveux de mon frère étaient devenus blancs.
> Et moi, j'avais perdu mon accent de Marseille!

Notre cher vice-président, étant originaire du Gard, avait conservé un léger accent nîmois dont il paraissait, par patriotisme local sans doute, n'avoir nullement souci de se défaire.

Deux autres campagnes entrèrent encore par lui dans les plans et dans l'activité de la Ligue : la mutualité familiale et la lutte contre les pseudo-mutualités.

« Ce n'est pas l'individu isolé, l'homme seul ou la femme seule, qui doit être le soutien de l'institution mutualiste. Celle-ci est un corps dont la cellule initiale, d'où les autres procèdent, est la famille. » Nul ne s'étonna de voir cette pensée de Léon Say, qui avait été également celle de Le Play, mise en application par Cheysson, qui fut le disciple de ce dernier. Il mit à son service la grande influence qu'il exerçait et son rare talent de professeur.

Un publiciste éminent qui marchait aussi dans nos rangs, lui donnait d'ailleurs la réplique dans la Presse, et soulignait à l'occasion ce qu'il avait dit d'essentiel au cours de ses brillantes conférences.

C'était M. Paul Delombre, le nouveau vice-président qui lui a succédé dans cette fonction, parmi nous.

L'ancien ministre du Commerce a cette originalité : il est à la fois un prestigieux écrivain et un brillant orateur.

Je ne puis l'entendre, lorsqu'il veut bien prendre la parole parmi nous, sans penser aux Girondins dont il a le style fleuri, la souplesse et la bonne grâce. Il n'a ni grosse voix ni mouvements désordonnés. Son ton est celui de la plus aimable et spirituelle causerie française, mais d'une causerie soutenue. Nous entendons souvent des écrivains qui ne sont qu'écrivains, dire à bâtons rompus des choses intéressantes lorsqu'on les prie de parler. Mais lui, écoutez-le en prêtant à ses paroles une grande attention : les divisions sont celles que devait suggérer un examen attentif du sujet. Le plan est clair, bien rempli dans toutes ses parties. La péroraison ramène en manière de conclusions les pensées qu'il énonçait dans l'exorde, comme il est permis de l'attendre à la suite d'un syllogisme dicté par la pure logique, fidèlement suivi et déduit.

Je ne puis l'entendre sans penser, disais-je, aux orateurs de la Première République « au cœur noble, à la belle et lucide intelligence, avec un feu intérieur qui les échauffe et les élève à la plus remarquable énergie, parfois avec la vivacité des réparties de Guadet », ou à ce portrait de Maury par M. de Lacretelle : « Une connaissance exacte de l'histoire, une vivacité d'esprit qui lui en faisait appliquer les résultats avec d'heureux propos, un style soutenu, fleuri, harmonieux, le don de répartie, voilà quels sont ses avantages, soit à la tribune, soit sur l'estrade où il vient haranguer le public. »

En économie politique et sociale, M. Delombre est le défenseur, en tout temps et sur tous les sujets, des idées libérales. Dans le puissant organe de publicité où il occupe l'une des premières places (1), il est chargé des questions de mutualité, de retraites, d'impôts. Chacun connaît sa courageuse campagne contre l'inquisition fiscale, lorsqu'il soutient avec ceux de nos auteurs qui font autorité, à l'encontre de l'école socialiste étatiste, que l'impôt ne doit pas être personnel mais réel, ainsi que nous l'ont toujours enseigné les Colmet d'Aage, les Vuatrin, les Glasson et les Berthélemy.

De son style alerte et nerveux, il a salué la naissance de notre Ligue comme un événement heureux au point de vue du progrès des idées libérales en ce pays. Comme il sait, pour y avoir pris part, à quel labeur nous nous consacrons, il entretient d'elle encore le public, lorsqu'il y a lieu, avec une compétence que ses confrères de la presse n'ont point et ne sauraient avoir.

Nous avons eu des fortunes diverses, traversé des périodes difficiles, essuyé des pertes qui paraissaient irréparables. Pour ma part, j'ai toujours eu dans l'avenir une parfaite confiance lorsque je voyais autour de nous, dans nos conseils, Carnot, Journault, Burdeau, Jamais, Waldeck-Rousseau, Lourties, Delombre et Jules Carlet, l'autre vice-président de la Ligue, qui fut avoué, mais qui a vécu de si près dans la compagnie d'éminents avocats au Palais de Justice, à Paris.

On s'en aperçoit bien vite lorsqu'il lit une de ses belles harangues : il va droit au fait, sait rendre justice à chacun avec une remarquable impartialité. De sa voix ferme, bien timbrée, avec une prononciation aussi nette que celle du meilleur diseur sorti du Conservatoire, sur un ton de bonhomie qui n'exclut pas la force et le sérieux, il dit tout ce qu'il faut et il le dit bien.

---

(1) *Le Temps*, 5, rue des Italiens.

CHAPITRE II

LA BONNE PAROLE

Les premiers propagateurs de la mutualité par la parole ayant considéré leur mission comme un apostolat, on pouvait s'attendre à ce que le message qu'ils apportaient apparût aux foules qui se pressaient pour l'entendre dans les théâtres, dans les cirques, dans les mairies, dans les salles de cours et dans les écoles, comme un véritable évangile (1).

Un conférencier nous arrive de Paris, de Lyon ou de Bordeaux, disait le public à conquérir. Que vient-il faire? Il vient nous apporter *la bonne parole*.

En effet, sauf les croyances métaphysiques relatives à l'au-delà, c'était une vérité nécessaire pour le bonheur de leurs semblables qu'ils allaient répandre. Ils étaient des éducateurs.

A peine l'œuvre patriotique à laquelle ils se consacraient était-elle commencée, que deux éminents instituteurs s'adressèrent précisément à la jeunesse : Cavé, Édouard Petit.

Ce n'était plus seulement aux adultes qu'ils prêchaient la fraternité mutualiste, la solidarité laïque. Ils s'adressaient, dans les écoles, aux adolescents et même aux petits.

A vrai dire, le nombre des sujets qu'on peut traiter à l'occasion de l'une de ces réunions mutualistes qu'on nomme aujourd'hui « des congrès », est infini. Un ministre des Affaires étrangères a pu naguère profiter de l'un d'eux, tenu

---

(1) Congrès de Lons-le-Saunier, le 21 août 1913.

dans son département d'origine, pour signaler les principaux résultats de la guerre des Balkans. Mais la note mystique elle-même a été donnée dans ce concert d'économistes émerveillés. Tout est à citer dans ce discours de M. Clémentel (1) :

« L'âme collective de la démocratie paysanne sommeillait au fond de la conscience du vieux paysan de France qui, enfermé dans le cercle étroit de son champ et de sa détresse, rêvait de secouer le joug de sa solitude et criait son espoir dans les cahiers de ses doléances. Elle s'affirma dans l'acte de foi de 1789 ; elle inscrivit son rêve dans la formule triomphante de la Révolution.

« Depuis, à travers tout un siècle d'incertitude, elle se cherche elle-même sans trouver le moyen de se réaliser.

« Enfin, grâce à la Troisième République, à sa législation hardie et bienfaisante, grâce à des précurseurs qui se nommaient Gambetta et Méline, grâce à leurs émules et à tous leurs disciples, elle s'est dressée sous la figure d'un Jacques Bonhomme rajeuni, devenu *par la rédemption de la mutualité*, de la coopération et de la prévoyance, l'homme nouveau qu'il aspirait à devenir. »

L'idée s'y trouve exprimée, et par le mot même que l'orateur emploie, le rôle de sauveurs est attribué aux heureux propagandistes du secours mutuel.

Ils sont les rédempteurs de la France.

Pour faire adopter la mutualité scolaire dont il se considérait comme l'inventeur, et dont il fut plus exactement le premier propagateur, Cavé qui avait commencé par être dans les affaires et qui y avait acquis, comme juge au Tribunal de commerce, la raison si exacte et si réfléchie que nous lui connaissions, se résolut à paraître comme conférencier sur l'estrade des réunions mutualistes. Il parlait lentement, sans difficulté, mais sans le moindre éclat. Il n'était guère orateur, mais il avait un calme visage qu'un beau sourire éclairait et qu'encadraient des cheveux et des favoris blancs.

---

(1) Présidence du Congrès de la mutualité agricole tenu à Clermont-Ferrand, en 1913.

Les enfants aiment ces physionomies accueillantes des bons vieillards qui leur sourient, comme un grand-oncle ou un grand-père. Ils se sentent mis en confiance par les engageants propos, le sourire et la barbe blanche des vieilles gens. Le conférencier exposait très simplement son idée, soutenu par les encouragements qu'on lui avait déjà donnés, éclairé par les objections qu'on lui avait faites, prêchant avec bonhomie les instituteurs eux-mêmes, et surtout les institutrices amies des nouveautés, ainsi que les femmes le sont presque toujours. Il ajoutait à tout cela quelques vues personnelles sur les retraites, condamnant en partie la pratique du fonds commun dont le public commençait à ne plus guère apprécier les services, réclamant pour des Sociétés de secours mutuels et de retraites pauvres ou à peine aisées, la libre disposition de quelques parties du fonds commun. Désintéressé, fortuné, officier de la Légion d'honneur, n'attendant plus rien pour lui-même, il fut le premier « apôtre » sacré tel par l'opinion. On a toujours une bonne presse lorsqu'on s'occupe de l'enfance, ayant par surcroît la figure d'un Jean-Jacques ou d'un Pestalozzi.

On put entendre à l'inauguration du buste de Cavé, dans la salle des fêtes de la mairie du XIXe arrondissement de Paris où il avait fait ses premières expériences de mutualité scolaire, son éminent collaborateur, M. Édouard Petit, inspecteur général de l'Enseignement primaire. Le buste assez ressemblant que l'on présentait au public, avait été quelque peu défiguré par une couche d'or qui le baignait entièrement, depuis l'extrémité des cheveux jusqu'au trop court fragment de cou et de poitrine qui reposait sur le piédestal. La souscription n'avait pas donné tout ce qu'on avait espéré. Il avait fallu remettre, et remettre encore la cérémonie, parce que le grave souci de l'inondation de 1910 était venu s'imposer à la famille mutualiste et détourner les esprits pendant quelque temps des projets de réjouissances en cours.

M. Édouard Petit est l'un des rares membres de l'Université qui parlent avec abondance, non pas seulement disert, ainsi qu'ils le sont presque tous, mais chaleureux, faisant des gestes, ingénieux, fleuri, prenant, comme le sont les orateurs professionnels.

Il y a un dialogue scénique qui est bien connu des gens épris de théâtre. Il va droit au but, sans phrases, sans détours inutiles. Il est aussi un style oratoire : c'est celui dont tous les mots portent, dont il suffit de lire quelques fragments jusque dans la sténographie pour constater l'énergie des convictions qu'il exprime, un style expressif, émouvant, coloré. Cette énergie contenue se révèle à un degré remarquable dans la parole de M. Petit. Aussi élève-t-il instinctivement le ton dès les premiers mots, ce que ses exhortations ont de sensé, de viril, ne pouvant jamais s'accommoder d'une voix blanche et molle. Nous ne perdons guère dans nos discours les habitudes que nous devons à notre état. L'inspecteur général a le sien. Il parle avec autorité à des écoliers un peu mûrs.

Le grand courant mutualiste a reçu des affluents venus de tous les côtés de l'horizon lorsqu'il s'est si largement accru tout à coup, comme le Nil s'accroît au temps habituel des inondations.

MM. Cavé, Édouard Petit, Robelin — ce dernier ayant, avec une argumentation serrée, la manière libre et forte des habitués de réunions publiques — sont restés, dans la mutualité, les délégués de la Ligue de l'Enseignement. Ils ont paru croire même, à un certain moment, que le mouvement tout entier pourrait se ramener à la mutualité scolaire. Si *le pont* avait été facile à établir, ils auraient eu le premier rôle et les durables succès, eux qui élèvent l'enfant. Mais, dans un temps où l'on voyage beaucoup, où l'on émigre, où l'on déserte la campagne pour la ville, où l'on persuade aux enfants des socialistes qu'ils sont victimes de l'exploitation du capital, l'adulte oublie souvent de réclamer le livret de retraite qu'il avait à l'école, sorte de tirelire qu'il ne songe plus à remplir et qu'il n'est pas facile pour lui de revenir vider.

M. Édouard Petit a fait courageusement toutes les campagnes : celle de l'enseignement laïque sans cet esprit trop combatif qui est toujours dangereux mais avec persévérance, celle des œuvres postscolaires, des associations complémentaires de l'école, enfin la plus récente en faveur des instituteurs et des institutrices de campagne ou de montagne; il a rédigé, chaque année, sur les progrès de la mutualité scolaire de beaux rapports qui paraissent à l'Officiel et que nous aimons tous à consulter lorsqu'il est question de statistique. On a pour lui une estime particulière au sein de la mutualité. C'est un laborieux, un débonnaire. On sent, dans sa parole honnête, l'homme qui n'estime point qu'il soit permis de recourir à tous les moyens pour conquérir le succès.

Les journaux faisaient et font encore un tel bruit autour des grandes conférences de la Mutualité que les hauts fonctionnaires de l'Administration se firent délibérément conférenciers. Nous avons tous vu M. Barberet, appelé d'abord par Cousnes, continuer après cela des campagnes qui lui étaient chères, notamment en faveur du fonds commun pour lequel il semblait avoir une prédilection toute paternelle. M. Mascle lui a succédé, parlant fort bien dans nos congrès et nos banquets, et même en saisissant volontiers l'occasion comme tous les anciens préfets et les fonctionnaires qui savent parler. Presque tous nos lecteurs ont eu le privilège d'entendre son successeur, M. Henri Richard. Mais ce n'est point là le discours mutualiste proprement dit. C'est la fleur de l'éloquence administrative, le gardénia que l'on fixe à sa boutonnière pour aller dans le monde. Disons seulement que chaque genre a ses règles auxquelles il est également méritoire de savoir se conformer et que leur haute situation jointe à leurs talents, si nous n'étions les meilleurs amis du monde, feraient pour nous parfois de ces auteurs de harangues officielles des concurrents redoutables. Il en est dont la compétence, par suite du long exercice de leurs fonctions, égale celle des meilleurs mutualistes. Qui n'a remarqué l'abondance, l'aisance élégante et la parfaite information qui distinguent un savant professeur tel que M. Georges Paulet? Qui n'a fait son profit des discours si bien pensés et si corrects que prononcent, lorsqu'ils nous prêtent un gracieux et obligeant concours, tels conseillers d'État, par exemple M. Hébrard de Villeneuve ou M. Varagnac?

Cela dit, je me propose d'accompagner maintenant, dans leur incessante propagande, quelques-uns de ceux qu'il est permis de citer comme les porteurs autorisés de la bonne parole.

Fiunt oratores, dit le poète latin. Est-ce toujours vrai ? Celui qui n'aurait pas le don serait un pauvre orateur.

Il y a dans cet art, je l'ai montré ailleurs (1), une partie négative sans doute. Je veux parler de ces règles que chacun peut apprendre, bien qu'elles risquent de nous décourager par leur longue énumération.

Le bréviaire de l'orateur serait le suivant, d'après un professeur connu : « Ne t'excuse pas — ne crie pas — n'hésite pas.

« Ne te donne pas une attitude — ne sois pas bouffon — ne sois pas sarcastique.

« Ne déclame pas — ne parle pas dans les tonalités hautes de la voix — n'arpente pas l'estrade — ne dépasse pas le temps qui t'est donné — ne balance pas ton corps.

« N'accentue pas chaque mot — ne fais pas ton éloge — ne raconte pas une longue histoire — ne fatigue pas tes auditeurs.

« Ne parle pas la bouche fermée — ne bois pas en parlant — ne joue pas avec tes habits — ne fais pas « hum » — ne sois pas raide — n'éclaircis pas ta gorge avant de parler — ne parle pas rapidement — ne fais pas trop de gestes.

« Ne t'écarte pas de ton sujet — ne t'adresse pas au plafond — ne sois pas monotone — ne mets pas tes mains sur tes hanches — ne sois pas violent — ne te hausse pas sur la pointe du pied.

« N'oublie pas de t'asseoir quand tu as fini.

« Sois préparé — sois modeste — commence lentement — parle distinctement — regarde en face tes auditeurs — sois courtois — sois vif — ouvre ta bouche.

« Émonde tes phrases — dissimule l'échafaudage — sois

---

(1) *L'Art de la Conférence*, 1 vol. in-8, Fischbacher éd. 33 rue de Seine, Paris, 1900.

clair — sois sûr de toi-même — sache utiliser les tonalités basses de la voix.

« Va au fait — adapte le geste au discours — parle sans à-coups — utilise les muscles abdominaux.

« Sois intéressant — prends le ton de la conversation — concilie-toi ton adversaire — sois animé — ne t'emporte pas.

« Sois prudent — sois logique — parle avec autorité — cultive le tact — finis vivement. »

J'ai emprunté ce bréviaire à l'orateur Grenville Kleiser, anglais très expérimenté et très formaliste, cela se voit de reste.

Toutefois, remarquons-le, il est un feu intérieur, un tempérament, une faculté d'être ému, qui distinguent l'orateur du professeur de rhétorique. Non seulement il parle, mais il groupe autour de lui d'autres hommes. Ceux-ci ont un esprit moins brillant peut-être que le sien, mais ils ont parfois encore les dons naturels à un degré qui ne permet point de les méconnaître ni de les ignorer.

On peut affirmer, dans cet ordre d'idées et de faits, qu'une voix puissante se fit entendre pour la première fois au Congrès de Reims, le sixième national de la mutualité, en 1898.

Normalien, professeur, ancien membre d'une municipalité, ayant les pouvoirs du directeur dans un centre important d'études sociales, auteur déjà connu d'ouvrages divers, écrivain très particulièrement informé des choses de la coopération, favorisé de précieuses relations dans les milieux politiques, littéraires, scientifiques, philosophiques, artistiques, entouré d'auxiliaires immédiats qui sont eux-mêmes des hommes distingués et déchargé par eux de ces occupations secondaires où s'épuisent sans gloire les forces des meilleurs, prêt à la lutte aussitôt qu'elle paraît s'imposer, mais commençant toujours les relations par des paroles bienveillantes où l'on sent de la sympathie, ingénieux, plein de ressources, connu déjà des nombreuses sociétés que le comte de Chambrun hébergeait et secourait, M. Léopold

Mabilleau ne pouvait manquer de réussir et de briller, s'il le voulait, dans ce milieu d'artisans honnêtes qu'est en somme la Mutualité.

Il le voulut.

Mais il serait puéril d'expliquer par les circonstances et le milieu, cette situation enviable, cette influence acquise, le succès le plus personnel qui ait été obtenu dans la conférence mutualiste et le discours social durant ces *Seize ans* dont j'ai précédemment rappelé l'histoire (1). Ils resteront dans nos annales comme l'âge héroïque des belles conquêtes de la mutualité.

Pour caractériser la manière du président de la Fédération nationale, il faut remonter, ainsi que je l'ai fait moi-même une ou deux fois au cours de mes publications précédentes, jusqu'à certains morceaux de notre tribune politique.

Il rappelle, non par la taille, certes (2), ni par l'extérieur, mais (si je ne m'abuse) par ses talents de dialecticien et par son genre d'éloquence, « un lutteur infatigable de la presse et de la tribune », Benjamin Constant.

« Il y a deux sortes de dialectique, écrit Timon : l'une insinuante et fine, l'autre nerveuse et serrée; l'une qui va chercher tout droit la question dans la question, l'autre qui tourne autour d'elle et qui y pénètre par les jointures et par les issues. »

Et encore :

« Il y a deux sortes d'éloquence : l'une qui sort du fond de l'âme comme d'une source, qui roule ses flots avec abondance, qui presse, qui renverse, qui engloutit ses adversaires, l'autre qui multiplie ses rets autour d'eux, les enlace et les retient.

« Benjamin Constant était plus adroit que véhément, plus persuasif que convaincant, plus fin que coloré... »

Il n'y a ici, dans ces lignes rapides qu'une vision du passé, un souvenir littéraire évoqué, la piquante ressemblance de

---

(1) *Histoire de Seize ans*, Fischbacher, éd., 33, rue de Seine, Paris, 1907.

(2) La sienne est beaucoup plus haute.

certains traits, sans plus, — ai-je besoin d'en faire la remarque? — sans autre intérêt qu'un rapprochement, un rapport artistique qui m'a souvent frappé. Il ne saurait y avoir surtout la plus petite allusion (cela va sans dire) soit au caractère, soit à la personnalité de ceux que la marche du récit fait entrer dans mon champ d'observation.

M. Mabilleau a porté sur tous les points du pays les quinze à vingt questions de mutualité qui peuvent être traitées en conférences. Sa propagande a été certainement féconde, le désir qu'il a de la rendre telle étant servi par la musique d'une bonne voix qui s'altère rarement, par une grande aisance dans le port et dans le geste, par une connaissance du sujet qui met le conférencier bien visiblement au-dessus des orateurs de circonstance qui l'entourent, par une bonhomie qui séduit, par la précaution oratoire qui n'a plus de secrets pour lui.

Lorsqu'il fit venir le gouvernement tout entier, pour la première fois, à l'Assemblée générale de la Fédération, dans la salle du Trocadéro, il lut sa harangue, se défiant peut-être de lui-même au moment où il allait exécuter ce grand dessein, peut-être aussi ne voulant rien dire que de certain et d'étudié, par respect pour le chef de l'État. L'an d'après, il la débita sans la lire et il fut plus intéressant. Il bénit ou il vitupère, il caresse ou il blâme selon la circonstance, et peut-être un peu suivant l'humeur du jour. Mais c'est toujours un beau travail. A peine êtes-vous tenté de formuler une réserve tout en applaudissant : l'union est bonne, la fédération est bonne, soit! Mais faut-il faire, avec cette persévérance et cette conviction, la campagne de l'unité, ajouter de nouvelles périodes éloquentes au grand sermon de Bossuet? A quels sacrifices n'est-on pas contraint de se résoudre et à quelles éclipses ne faut-il pas s'attendre lorsqu'on pense l'avoir obtenue? *Sint unum!* C'est le mot d'un pape. Mais si nous en croyons l'Histoire, cet espoir, généreux sans doute, n'est confirmé le plus souvent ni justifié par les faits.

La liberté aussi a du bon. Elle vaut la peine d'être aimée et fidèlement servie. Elle est pour notre être spirituel le premier des biens. Elle a cela pour elle d'être la plus constante aspiration de l'homme dans tous les âges, parce qu'elle est en somme le fond de l'être, la vérité des choses, le droit commun.

Joignez à cette campagne mémorable qui aboutit à la formation de la Fédération nationale, celle de la liberté dans l'obligation empruntée au programme de Waldeck-Rousseau, celle de « l'instrument préféré par ce qu'il est préférable », celle de l'hygiène sociale avec M. Léon Bourgeois, celle du concours réciproque de l'habitation à bon marché et de la mutualité avec MM. Ribot, Siegfried, Strauss, d'autres encore. Pour les mutualistes, il y a dans le recueil complet de tels discours, presque toute l'histoire de nos récentes propagandes, le sommaire à peu près complet des sujets auxquels ils sont habitués par la discipline et la méthode de nos fréquentes réunions.

Pour ceux qui ne sont pas de la maison mais demeurent dans le voisinage, c'est un appel au travail quotidien, c'est la diane que l'on bat, c'est le clairon qui sonne dans la voix de cet orateur. Je ne sais où j'ai lu — c'est sans doute dans une *Vie à Paris* de Jules Claretie — qu'on ne peut manquer d'entendre au milieu de l'agitation qu'entretiennent autour de nous, depuis vingt ans, les lois sociales, le hautbois infatigable de Jaurès et le clairon de Mabilleau.

Clairon, soit! Mais singulièrement perfectionné. Combien celui qui le porte à ses lèvres est habile en son art (1) ! Si ceux qui l'écoutent du dehors se rapprochaient, s'ils prêtaient attentivement l'oreille, ils entendraient beaucoup d'airs nouveaux et de bien savantes variations (2).

---

(1) Je me suis souvent demandé s'il existe une pépinière, ou si l'ont veut une école, pour les jeunes orateurs mutualistes, comme il y en eut une pour les orateurs philosophes, avec Jean de Soudier pour modérateur, sous Louis XIV. Il n'y a pas de cours, certainement. Mais il est visible que le président de la Fédération ne manque ni d'imitateurs, ni de disciples.

(2) Le style est soutenu et correct, heureusement dépourvu de ces reprises et de ces corrections qui fatiguent. On vient d'écrire à propos de Rachel : « Son triomphe, ce fut d'exprimer la vérité profonde. D'autres se préoccupent de ne point s'écarter de la noblesse et de la hauteur du texte. » Un accord heureux de l'inspiration et de la diction caractérise la parole de M. Mabilleau.

Parmi les auxiliaires de ce chef connu, l'un des plus utiles dans l'accomplissement de l'œuvre commune, et le mieux pourvu de dons naturels, c'est, à n'en pas douter, M. Louis Keller.

Il est des voix de tête qui chantent, comme celle de ces ténors un peu fatigués qui en viennent à faire un usage presque exclusif du fausset. Il en est de bien timbrées, dont la vibration généreuse ne manque guère d'émouvoir les auditeurs. L'honorable président du premier collège mutualiste de la Seine est en possession d'un organe infatigable, dont la parfaite émission fait penser à la sonorité toujours égale les instruments. Il expose avec succès, moins des idées générales que des questions de pratique mutualiste, telles que les modifications à apporter à l'usage actuel du fonds commun de retraite ou encore l'organisation des services intérieurs au point de vue médical ou pharmaceutique. Il insiste volontiers sur les applications contemporaines de la mutualité. Heureux les débonnaires! Nos chers sociétaires aiment ce qui part du cœur et ils prodiguent les témoignages de leur affection toute réciproque et sincère à celui qui sait, sur le ton le plus simple, leur faire agréer l'assurance de sa parfaite cordialité.

Qui pourrait dire avec une suffisante abondance d'informations de quel précieux concours d'autres hommes distingués ont fait bénéficier, depuis dix ans, les campagnes de propagande entreprises par cette Fédération?

Jean Hébrard a su montrer, soit dans la propagation de l'idée mutualiste, soit à la présidence de la Société Ingres, quel talent plein de ressources, quels dons enviables d'administrateur, quel élan et quelle clarté il est capable de mettre au service des causes qui ont intéressé son patriotisme et sa philanthropie.

M. Émile Leven est un conférencier disert et applaudi qui ne manque jamais d'étayer ce qu'il avance sur le logement ouvrier, sur l'hygiène, sur la réassurance, en citant des faits établis par d'indéniables statistiques.

M. Paul Maze est venu récemment faire sa partie dans ce

concert. Après dix ans de Palais, il avait été attiré, comme son éminent et regretté père, par la carrière administrative, par les sous-préfectures. Il administre encore notre premier Mont-de-Piété. Mais, chez lui, l'art oratoire fait partie du patrimoine. Il l'a trouvé dans son héritage comme un précieux don qui ne saurait sortir de la famille. Son langage est clair, nerveux, souvent séduisant. Il a tout l'extérieur de l'homme politique : la correction, la tenue, la sociabilité, un très bon organe qui résiste à la fatigue et qui parfois, dans le feu de la controverse, sonne « comme un cuivre », pour emprunter à Pierre Dupont le mot connu de l'une de ses chansons populaires.

Il faut en convenir, bien que des hommes ayant les dons les plus divers aient mis au service de la mutualité leurs talents très remarquables, c'est surtout le sujet qui est séduisant, le public spécial qui n'est pas ingrat, et la cause admirable de l'économie pour la prévoyance que l'on est bien inspiré de vouloir défendre et servir.

On trouve réellement, à le faire, des occasions précieuses de régénération et d'apostolat.

La mutualité sert ainsi ceux qui ont la bonne fortune d'entrevoir les riches moissons qu'elle offre et de comprendre ce qu'elle vaut.

Des hommes qui avaient passé leur vie dans les affaires — ce qui est déjà fort honorable — ont été transfigurés par les nobles préoccupations auxquelles elle les a promptement initiés. Sitôt qu'ils sont venus à elle, à Paris, à Lyon, à Bordeaux, les hauts commerçants qui faisaient partie des syndicats de la broderie, mercerie, dentelle, boutons et rubans, sont devenus les créateurs justement loués de belles œuvres philanthropiques : Brylinski, Plassard, Carton, Mercey, et maintenant même MM. Worth, Révillon, Laguionie, Thézard.

« Il y a des citations qui honorent », a écrit Sainte-Beuve en parlant de Montesquieu. Il est permis de dire dans le même esprit qu'il y a des œuvres sociales qui honorent. La *Mutualité maternelle*, par exemple, sans différer beaucoup des autres formes de la mutualité au point de vue technique, s'accompagne toujours, à celui de la propagande, d'une note attendrie lorsqu'on pense aux sérieux dangers de la dépopulation dans notre pays.

M. Félix Poussineau s'est consacré depuis vingt-cinq ans à cet émouvant apostolat. Il y a porté avec une parole facile et abondante ses facultés, ses ressources, et il s'en est fait parmi nous le propagateur convaincu.

CHAPITRE III

Politique sociale.

Nous avons vu commencer la campagne des lois sociales.

Il est vrai, certainement, que les cotisations mutualistes ne sont pas toujours suffisantes, que l'honorariat français a dispersé ses efforts sur des œuvres de toute sorte au lieu de le concentrer, comme auparavant, sur l'assistance mutuelle, que les frais généraux de nos sociétés se sont accrus et gagneraient à être réduits. Mais qu'est-ce que tout cela lorsqu'on pense aux services sociaux que rend la mutualité?

Elle donne à notre peuple l'enseignement et l'exemple précieux de l'effort individuel; elle met la fraternité à la base de l'édifice que les hommes veulent élever en commun au lieu de laisser s'y introduire la discorde qui stérilisa tous les efforts des constructeurs de Babel; elle enseigne l'entr'aide, la compassion, l'économie, la tempérance; elle soutient les hommes que nous avons nous-mêmes appelés au Gouvernement, comprenant la difficulté de leur tâche, au lieu de les entraver par une inepte opposition; elle tient conseil pour surmonter, en vue du succès, les obstacles qui se présentent, comprenant que les réformes permettent de réaliser mille progrès, tandis que l'action révolutionnaire ne fait qu'accumuler les ruines.

Comment négliger un pareil concours lorsqu'on a sa place

dans les conseils de l'État? Comment résister à la tentation d'utiliser pour ce qu'on regarde comme le bien du pays cette force qui est celle d'une troupe admirablement disciplinée? Comment ne point tenter de l'utiliser par les préférences qu'on lui accorde et par la subvention dont on la gratifie.

Il y a eu un jour précis, dans son histoire, où cette alliance fut proposée et acceptée. Nous étions là : ce fut à Nantes. Au lieu de n'écouter comme à l'ordinaire, ainsi qu'on en avait coutume dans les congrès antérieurs, que des présidents de sociétés et quelques hommes se rattachant aux professions libérales, médecins, journalistes, avocats, on entendit la lecture de lettres dues à MM. Léon Bourgeois, Millerand. On annonça jusqu'à la dernière heure la venue du président Henri Brisson. Lorsque le rideau retomba sur le devant de la scène, la chose était faite. La retraite obligatoire était acceptée en principe. La libre initiative était contrainte à prendre son parti de l'obligation.

Il fallait dès lors prévoir que nous entendrions souvent la voix des hommes politiques dans nos propres assemblées et que, de leur côté, des mutualistes porteraient à la tribune du parlement les questions qui nous intéressent.

On le voit, ceci est un autre sujet. Il s'agit là, au point de vue oratoire, de parlementaires traitant avec leur tournure spéciale d'esprit, dans des vues souvent très différentes des nôtres et selon les lois du genre qui leur est propre, les sujets qui nous sont familiers.

C'est un nouveau domaine où je veux maintenant pénétrer. Trois noms se présentent aussitôt sous ma plume : Émile Loubet, Armand Fallières, Raymond Poincaré, les trois derniers présidents de notre République. A tout seigneur, tout honneur.

De ces trois membres du barreau, le premier a l'éloquence familière et l'accent de l'avocat du Midi. Il sait parler. Tout ce qu'il dit porte sur l'auditoire. Il est secrètement libéral, médiocrement séduit par l'obligation. Il a une éloquence d'affaires, visant au conseil pratique et à la précision plutôt qu'à l'envolée. Il a toujours rencontré dans nos assemblées la sympathie et les applaudissements qui devaient aller naturellement à celui qu'on appela le premier mutualiste de France, et qui s'honorait sincèrement d'être ainsi nommé.

Nous n'avons entendu M. Fallières, dans les milieux mutualistes, que le papier à la main, sur la vaste scène du Trocadéro. Ce qu'il lisait était bien écrit et pensé. « Choses honnêtes dites en habit noir », aurait dit une fois de plus Joseph de Maistre.

C'est en somme le dernier des trois, M. Raymond Poincaré, qui a le plus de charme et d'abondance. Il réussit partout, étant éminemment sympathique. On a le devoir avec lui, de ne se point contenter d'une silhouette, et, lorsqu'on veut reproduire ses principaux traits par la plume ou le crayon, d'y regarder de très près.

Il est des orateurs à la voix plus séduisante, plus musicale et plus sonore. Il en est qui ont la taille plus haute, le geste plus expressif, l'allure plus dégagée. D'où vient donc le charme qu'exerce très visiblement le chef actuel de l'État? De sa bonté. Il a l'abord aimable, la poignée de main cordiale, un sourire qui n'est point stéréotypé, voulu, mais qui vient s'épanouir sur les lèvres comme l'effet naturel d'une sympathie réellement éprouvée.

M. Poincaré connaissait les mutualistes pour avoir présidé leurs réunions dans les départements de l'Est où ils sont nombreux. On vit qu'il les connaissait lorsqu'il leur dit au Congrès de Montpellier, en 1912, tout ce qu'ils aiment à entendre, s'émerveillant des progrès constants de la mutualité, louant leurs libres initiatives, leurs efforts spontanés, la juste fierté qu'ils mettent à se secourir eux-mêmes, leur esprit d'ordre et de paix, leur amour du travail, et lançant à toute volée des mots qu'ils ne peuvent entendre sans applaudir : solidarité, fraternité, liberté!

Que l'on songe à l'accueil fait à un si brave compatriote par les modestes habitants de Commercy, lorrains comme lui, aussi bien que par ceux de Bar-le-Duc, lorsqu'il vient parmi eux, s'asseoir à leur table et leur dit : « Il me semble aujourd'hui qu'après un long voyage, je reviens m'asseoir à mon foyer familial. Je m'imagine avoir parcouru des contrées lointaines. Des spectacles féeriques ont passé devant mes yeux; j'en ai rapporté des visions éblouissantes; j'en garde le souvenir le plus ému... »

Quels accents! Combien les inflexions de la voix sont touchantes; quel plaisir de dire tout cela, avec un tact parfait et des précautions oratoires infinies, lorsqu'on revient de Londres ou de Saint-Pétersbourg à la fin d'un voyage présidentiel!

Voici la suite : « J'en garde le souvenir le plus ému; mais tout de même, en me retrouvant au milieu de vous, j'éprouve une *ineffable* sensation de bien-être et de repos... Tout ici respire l'*intimité*; tout me parle le langage des vieilles habitudes. »

Le ton deviendra bientôt plus intime et plus caressant encore : « Je me revois dans les prés de Coureuvre où notre ami Cyrinin Pierre, un peu sceptique encore sur mes connaissances agricoles, me fait subir un examen pratique avant de contresigner ma première profession de foi... »

Quelle maîtrise! C'est l'entrée de Sulpice dans le chef-d'œuvre d'Adam. *Et nunc erudimini!* dirai-je aux mutualistes. On va chercher midi à quatorze heures lorsqu'on arrive pour faire une conférence, on se met l'esprit à la torture pour trouver du neuf, on consulte d'une main fiévreuse le *Guide Joanne* ou le *Boedecker*. Conférencier, laisse parler ton cœur et tâche de trouver avec bonhomie et simplicité des choses non point égales sans doute à celles d'un tel académicien, mais senties, vécues, portées jusqu'à l'oreille des auditeurs et des spectateurs par une voix attendrie. Ah! le beau succès que tu auras.

Ce qui s'ajoute à tout cela, mais ne s'analyse point, c'est le bon renom de l'orateur qui écarte, entre lui et ses auditeurs, l'idée d'effusions voulues d'avance et de comédie. L'accent des couplets ci-dessus est inimitable lorsqu'on n'est pas un homme de cœur. On peut venir après cela, dans quelque séance d'apparat, s'émerveiller des grands services rendus à l'épargne, au moyen des millions acquis, par des associations pseudo-mutualistes qui n'ont obtenu tant d'adhérents et tant d'argent qu'au moyen de promesses qui n'ont pas toujours été tenues; le siège des auditeurs est fait. Tout au plus sera-t-on jugé trop débonnaire.

Il arrive ainsi que des hommes politiques soient amenés à pénétrer dans le domaine de l'institution mutualiste par l'effet du sympathique intérêt qu'elle leur inspire.

Mais il arrive aussi, comme il est aisé de le prévoir dans un pays d'opinion où la tribune politique est appelée sans cesse à faire et à modifier les lois, que l'institution elle-même se présente au Parlement et sollicite la discussion.

C'est ainsi qu'à la Chambre des députés d'abord, et ensuite au Sénat, la loi du 1er avril 1898 a été rapportée par M. Audiffred et par M. Lourties.

On peut dire du premier qu'il apporte à ces discussions une réelle puissance, que sa conviction débordante éclate à l'occasion de chacune de ses interventions à la tribune et qu'il a laissé dans le texte définitif de la loi qui vint succéder à son projet, la trace du vrai libéralisme dont il est animé.

Quant à M. Victor Lourties, que pourrions-nous dire à nos lecteurs qui le connaissent tous, au sujet de sa belle, sobre et impressionnante éloquence? Ils l'ont vu à l'œuvre au Palais du Luxembourg. Ils l'ont entendu disert, calme et réfléchi dans nos banquets. Ils ont remarqué la maîtrise avec laquelle, comme vice-président du Conseil supérieur de la Mutualité, il résumait la discussion des principales questions en cours et, courageusement, proposait pour les régler des solutions s'écartant de la doctrine officielle. Cette indépendance est, chez lui, caractéristique.

Il invite au calme, par sa seule attitude, ceux qui seraient tentés, par l'effet de la vivacité des controverses, de se départir du sang-froid qu'exige l'examen de questions techniques souvent difficiles. Nous avons, en effet en France, au plus haut degré, cette *éloquence du corps* dont a parlé déjà Quintilien. Nos voisins d'outre-Manche ne l'ont guère, si nous en croyons Thomas, l'auteur d'un *Essai sur les éloges académiques* :

L'Anglais calme au dehors, couve dans le silence
Des grandes passions la sourde violence.

Mais il est un juste milieu. On peut, grâce à des dons heureux, unir le calme des uns à l'intérêt croissant des discours des autres.

C'est le secret de M. Lourties.

Il est, dans un genre qui comportait la meilleure application de ces qualités, un morceau remarquable dont plusieurs parties seraient à citer. Je veux parler de l'éloge funèbre que M. le sénateur Lourties a prononcé en février 1910 à l'occasion des obsèques d'Émile Cheysson, membre de l'Institut et vice-président de la Ligue nationale de la Mutualité, lui qui en était et qui en est resté le président.

Il fallait s'attendre à voir d'assez nombreux parlementaires participer encore à la discussion du projet de loi sur les retraites ouvrières et paysannes, qui est devenu la loi du 5 avril 1905. Parmi eux, il est quelques noms qu'il serait impossible de ne point retenir : au Sénat, celui de M. Touron, à la Chambre, ceux de MM. Paul Deschanel et Paul Boncour.

Je ne parle que des improvisateurs, toujours prêts à attaquer ou à répondre, étant persuadé avec le critique si avisé qui a écrit le *Livre des Orateurs*, du bien-fondé de cette assertion : « L'écriture ne se doit employer que pour les exposi- « tions financières, les rapports et les développements des « propositions ». J'ai dit ci-dessus la gêne du lecteur. Voici, d'après le même ouvrage, quel est l'embarras de celui qui récite : « Le récitateur ne regarde pas l'assemblée. Il se retire et s'enfonce en lui-même ; il se loge dans les cases de son cerveau, où toutes ses phrases sont proprement rangées à leur place et étiquetées ; il en fait l'appel et le réappel, et il les produit l'une après l'autre à la lumière. »

Parmi ces derniers, M. Touron est un technicien, un spécialiste des questions intéressant le travail et les travailleurs (1). Il n'aborde jamais la tribune simplement pour parler. Il faut, pour y monter, qu'il ait quelque chose à dire, et il est alors pour les ministres un adversaire redoutable, adroit dans la controverse, précis, projetant tout à coup une lumière éblouissante sur les dessins cachés, proclamant à voix très haute les choses qu'on ne disait pas. Combattant toujours dans les rangs de l'opposition, il fait partie du très petit nombre de parlementaires que les ministres redoutent de voir se dresser devant eux pour réfuter leurs discours, comme les lutteurs voient paraître sur l'arène un champion connu, redoutable, dont ils ne sont pas sûrs de pouvoir triompher (2).

Un autre, M. Paul Boncour, ne s'est pas borné à s'occuper de la Mutualité en qualité de Ministre du Travail et de la Prévoyance sociale, pendant quelques mois lorsqu'il a précédé M. Lafferre et M. Léon Bourgeois au ministère. Sitôt qu'il est redevenu simple député de Loir-et-Cher, il a suivi les mutualistes dans leur campagne à travers la France. Il a parlé dans leurs congrès. Il a accepté la publication à Bordeaux, par l'*Avenir de la Mutualité*, de ses harangues sociales.

Il n'est pas grand, mais la puissance et la fixité de son regard, une vivacité dans ses mouvements qui rappelle celle des méridionaux, le visage entièrement rasé (à l'Américaine) qui caractérise un homme correct ayant l'intelligence et le goût des affaires, son ton un peu sec mais pas assez pour nuire à l'effet d'une voix qui sait s'assouplir au besoin pour devenir persuasive, tout cela révèle une personnalité si originale qu'elle ne manque jamais de faire impression sur ses auditeurs.

Son lot fut, pendant qu'il fit partie du Gouvernement, de s'appliquer à faire accepter la loi de retraites par un public

---

(1) Le *Travail national* paraît sous sa direction, avec le concours très apprécié de MM. Greslaude et E. Joly.

(2) L'honorable vice-président du Sénat a, d'ailleurs, toute la physionomie des hommes de combat, l'air résolu, la moustache et le regard de d'Artagnan.

peu entraîné, ainsi que par des mutualistes plutôt réfractaires. Il était si captivant et parlait avec tant d'aisance, il disait aux mutualistes — retraite à part — des choses si agréables à entendre que, dans plusieurs Congrès, à Bordeaux, à Roubaix, ils répondirent par des sentiments affectueux, à l'expression de sa sympathie.

Même lorsqu'il est venu plus tard à la Chambre, opposer le service de trente mois aux trois ans du Gouvernement, il a fait preuve d'un bon goût qui lui est propre en élevant le débat, respectant ses contradicteurs, et finissant par une note patriotique où l'on pouvait sentir que se trouve l'expression de ses sentiments intimes.

On le voit : parmi les hommes politiques, les uns n'ont fait que traverser la Mutualité, traitant en quelques circonstances des sujets qui nous intéressent, lorsqu'ils se présentaient à eux; les autres sont entrés dans la famille. Ils se sont faits mutualistes.

M. Paul Deschanel est l'un des mieux doués et des plus brillants parmi ces derniers (1).

Au moment où le succès de la mutualité en France s'affirmait plus largement chaque année par la formation d'un millier de nouvelles sociétés, M. Paul Deschanel, devenu président de la Chambre des députés, eut l'ingénieuse idée de convier au Palais-Bourbon un certain nombre de présidents de sociétés mutualistes. Il y eut des appels imprévus et des oublis étranges, les partis s'étant efforcés de faire adresser des invitations surtout à leurs amis. Mais le fait seul est intéres-

(1) Bien que M. Deschanel soit un parlementaire jeune encore, la liste de ses ouvrages est déjà longue : *La Question du Tonkin*; *la Politique française en Océanie à propos du canal de Panama*; *les Intérêts français dans l'océan Pacifique*; *Orateurs et hommes d'État*; *Figures de femmes*; *Figures littéraires*; *Questions actuelles*; *la Décentralisation*; *la Question sociale*; *la République nouvelle*; *Quatre ans de présidence*; *l'Idée de patrie*; *Politique intérieure et étrangère*; *A l'Institut*; *l'Organisation de la démocratie*; *Hors des frontières*; *Paroles françaises*; *Discours prononcé au nom de l'Académie française à l'inauguration de la statue de Mme de Sévigné, à Vitré*; *Discours prononcé au nom de l'Académie française à l'inauguration de la statue de Segrais, à Fontenay-le-Pesnel*; *Discours prononcé à l'inauguration du monument de Lamartine, à Bergues*.

sant. L'un des orateurs les plus autorisés du Palais-Bourbon, ancien normalien, écrivain connu, membre de l'Académie française, venait de se mettre résolument en bonnes et cordiales relations avec les principaux mutualistes.

Le rêve de faire entrer tout ce qui est mutualiste dans une seule fédération a pu être conçu comme celui d'une généreuse ambition. Il ne s'est point réalisé. La Mutualité maternelle s'est constituée à part, ainsi que la Mutualité scolaire. Les sociétés qui ne s'occupent que des retraites ont tenu également à former un groupement distinct. M. Paul Deschanel fut prié de se mettre à leur tête, et il y consentit. C'est ainsi qu'il a été souvent appelé à présider des réunions et à prononcer des discours mutualistes.

Or, ces discours s'éloignent assez, par les sujets traités et par la situation sociale des auditeurs, de l'éloquence académique. Le brillant orateur parlementaire qu'était M. Deschanel fut ainsi amené à modifier sa manière, à parler au peuple, à prendre l'habitude des allocutions rapides et même de l'improvisation.

Sa voix claire et soutenue porte au loin dans le silence des assemblées nombreuses. Son port est toujours noble, quel que soit le public auquel il s'adresse, et sa phrase élégante.

Quelles que soient aussi les circonstances, son débit n'est point précipité, ni son accentuation confuse ou indistincte, parce qu'il garde une maîtrise de soi suffisante pour toujours prendre le temps qu'il lui faut. Il a la faculté précieuse de régler son allure. Il ne s'emporte point. On le priait naguère encore, le 14 septembre 1913, de venir à Bergues, dans le Mâconnais, parler de Lamartine à l'occasion du 80ᵉ anniversaire de la première élection politique du célèbre auteur *des Girondins*. On l'appelle dans les réunions exceptionnelles et solennelles, pour un discours de circonstance, pour une conférence où il parle seul (1). Il a présenté

---

(1) L'un de ses biographes, s'est demandé récemment, dans *la Revue bleue*, s'il est plus conférencier qu'orateur : « M. Paul Deschanel est-il orateur ou

et défendu à la Chambre des députés une proposition de loi relative à la libre disposition, par les sociétés servant la retraite, des intérêts de leur fonds commun. Il a été, en toutes circonstances, sur cette question et sur diverses autres qu'il a traitées, aussi éloquent que compétent, ayant au naturel un don très remarquable d'assimilation et sachant marquer du sceau de sa personnalité jusqu'aux conceptions que d'autres ont déjà défendues.

Certains viennent à la mutualité au cours de leur carrière politique. Il en est d'autres qui ont commencé par elle et qu'elle suit d'un regard presque attendri lorsqu'ils entrent au Parlement et surtout lorsqu'ils sont appelés à faire partie d'un Ministère.

Lorsque nous arrivâmes à Nantes, au Congrès de 1901, celui où la politique, ainsi que je l'ai fait voir, fit son entrée dans le milieu mutualiste, un avocat encore jeune fut appelé à la présidence. C'était M. Guisth'au, Breton qui aspirait comme d'autres à se produire sur la scène parisienne, avocat et président de Société, mais si heureusement doué, légitimant par de telles facultés cette noble et patriotique ambition qu'il a su — chose rare! — mener à bien toutes ses entreprises.

Il est sympathique, aimable, l'un des plus abordables et des moins distants parmi les collaborateurs éminents que nous avons connus. Chez lui, l'aisance est caractéristique. Il s'est montré capable, à Nantes, d'une assez grande attention pour diriger des débats engagés non seulement sur les questions courantes, mais même sur des statistiques et des

---

conférencier? » M. Paul Flat conclut : « Il a un tempérament d'orateur, mitigé et comme amendé par celui du conférencier, ce qui, après tout, n'a rien d'étonnant si l'on songe qu'il y aurait là, chez lui, comme un trait manifeste d'hérédité paternelle. »

Enfin, il s'est admirablement adapté aux exigences de son époque : « Il comprit à merveille que le premier titre d'un aristocrate de la République est de servir les intérêts bien entendus de la démocratie, et il se voua à ce rôle avec ce doigté parfait, ce sens exact de la mesure, qui, chez lui, sont autant de traits héréditaires. » Le régime qu'il a bien servi l'a brillamment récompensé.

applications de barèmes qui causent une certaine inquiétude lorsqu'elles surgissent inopinément dans un congrès, parce qu'il faut pour bien y répondre, qu'elles nous trouvent d'avance très bien documentés et avertis. Il a su tenir un beau et fier langage parmi les professeurs de l'Université de Paris, lorsqu'il a présidé comme ministre de l'Instruction publique telle imposante réunion en pleine Sorbonne. Il s'inspire heureusement des philosophes et il sait trouver entre leurs maximes et la vie moderne, dans chaque application, d'ingénieux rapprochements.

« A quoi servirait-il que nos fils sachent lire Platon, s'ils ne devaient par surcroît comprendre et appliquer aux tristesses du présent l'épitaphe que le philosophe grec composa pour les habitants d'Érétrie exilés par Darius : « Nés en Eu-
« bée et fils d'Érétrie, nous reposons loin de Suse, à quelle
« distance hélas! de notre patrie? »

N'est-ce pas être vraiment ingénieux que de savoir trouver un tel rapprochement lorsqu'on va présider la réunion de fin d'année d'une école spécialement destinée aux jeunes gens alsaciens?

On a dit du journalisme qu'il mène à tout, à la condition d'en sortir. Peut-être, à quelque égard, est-il permis d'appliquer la même réflexion à l'institution mutualiste.

Je me borne à citer, ne pouvant faire suivre d'un crayon même rapide les noms (qui se présentent en foule à ma pensée, au moment où j'écris) d'autres parlementaires qui ont été plusieurs fois rapporteurs de projets de lois qui nous concernent.

M. Métin est l'auteur d'un *Commentaire* fort bien fait sur la loi des retraites ouvrières et paysannes, avec le concours de M. Jean Merklen, notre cher collaborateur dans la Ligue nationale. M. Abel s'est occupé avec distinction des questions de réassurance. L'ancien ministre du Travail, M. Henry Chéron, est non seulement un auteur de nombreux projets favorables à la mutualité, prompt à passer des paroles aux actes lorsqu'il le peut, mais encore un orateur puissant, correct, servi par un organe sympathique et chaud lorsque sa parole s'élève au sein de grandes réunions mutualistes (1).

Je me borne à signaler ici quelques grandes voix de philanthropes : celles de MM. Alexandre Ribot, Léon Bourgeois, Paul Strauss, Jules Siegfried, Ferdinand Dreyfus. Je les retrouverai sans doute en parlant des Congrès. Souvent admirées parmi nous, il est vrai de dire, cependant, qu'elles se font entendre le plus souvent en faveur d'une autre œuvre que la nôtre : *l'Habitation à bon marché.*

On voudrait citer également quelques-uns de nos érudits actuaires. Mais ils n'exposent guère leurs doctes calculs que sur le papier. Lorsqu'il aborde la tribune, M. Émile Fleury, a une parole aisée, abondante et correcte. Il est allé à Montpellier, donnant un exemple que d'autres imiteront sans doute.

Quant aux jurisconsultes, MM. Émile Auger et Alcock, leur éloge comme orateurs n'est plus à faire. Ils font partie de la brillante école où se forment sans cesse, au Conseil d'État et à la Cour de Cassation, d'incomparables avocats.

---

(1) M. Albert Métin, qu'une discussion parlementaire ne trouve jamais sans réplique, s'est déclaré lui-même au cours d'une allocution, plus écrivain qu'orateur. Cela n'est pas certain. Il va droit au but et parle avec une netteté, une vigueur, une rondeur de franc-comtois, qui ne manquent jamais de faire impression sur le public.

M. Chéron a de l'action sur les assemblées. Il est aimable, insinuant, enveloppant. Nous avons trouvé, au cours d'une lecture, ce portrait humoristique qu'un habitué des coulisses parlementaires dit être le sien :

« De taille moyenne, un peu roux, il montre à tous en parlant son visage coloré normand, éclairé d'un sourire moqueur. En dépit de son origine départementale, il a pris le grasseyement et l'accent de Paris. Le verbe est nombreux, orné, facile ; voix infatigable, placée haut entre la gorge et le nez. Elle porte loin, perce sans peine le vacarme, sort l'ironie, donne l'impression (et parfois même l'illusion) d'une précision parfaite.

« L'orateur parle d'abondance. Il dispose du magnétisme dont se prive l'homme qui lit. Son avant-bras ponctue avec quelque impatience, et souvent au niveau du menton, on voit, comme dardé par une période agressive et capable de plus d'une piqûre, un index affûté ».

CHAPITRE IV

LES CONGRÈS.

De même qu'il est une magistrature debout et une magistrature assise — *parva si licet componere magnis* — il y a une mutualité propagandiste qui ne cesse d'enseigner et il en est une autre qui fait l'application de cet enseignement, procédant aux expériences.

Après toutes les réflexions qui précèdent, parlerai-je encore des congrès?

Je viens de parcourir l'ouvrage de M. Ossip-Lourié, récemment paru chez Alcan, le *Langage et la verbomanie.* Dois-je m'arrêter? « Le babil, note La Bruyère, est proprement une intempérance de langue qui ne permet pas à un homme de se taire... Un grand causeur, s'il est sur les tribunaux, ne laisse pas la liberté de juger; il ne permet pas que l'on mange à table; et s'il se trouve au théâtre, il empêche non seulement d'entendre, mais même de voir les acteurs. »

Attendez-vous, là-dessus, à entendre les gens qui ne savent qu'écrire et ignorent l'art de parler, s'écrier que les bavards pullulent, principalement dans le Midi.

Soit! nous allons ainsi jeter un coup d'œil sur la province et donner des indications à divers égards intéressantes sur les mutualistes qui appliquent à notre institution le principe de la décentralisation. C'est en province, mais à Lyon, dans la ville où siégea jadis le primat des Gaules, que nos congrès ont commencé.

« Ne jugeons-nous pas le plus souvent les hommes à leur facilité d'élocution, ajoute l'auteur que j'ai d'abord cité?... On oublie que les grands savants sont d'ordinaire de grands silencieux. A l'inverse, les microcéphales sont volontiers loquaces. »

Négligeons l'avis de ces muets qui s'expriment, ainsi que dans la fable bien connue, le *Renard qui a la queue coupée*. Les verbomanes exagèrent, aussi bien que les silencieux.

On a écrit qu'avant de se grouper en unions, et surtout de se fédérer, les sociétés de secours mutuels, comme les pions d'un damier ou d'un jeu d'échecs, les sociétés juxtaposées ne formaient qu'un tas de grains de sable ou une poussière d'associations.

C'est une erreur certaine. Dès le premier congrès national, en 1883, les mutualistes ont eu leur Parlement. Leur réelle intelligence a rendu dès lors très rapides les progrès qu'ils ont accomplis. Pré-rapports, sections, commissions, examen approfondi des questions principales en séance publique, rapport final, adoption des conclusions, résumé général des travaux, ils savent tout faire aujourd'hui. Ils sont rompus à tout cela.

De plus, comme chaque congrès, vers sa fin, désigne un nouveau centre mutualiste pour devenir le siège du prochain congrès qui aura lieu trois ans après, les représentants éminents de notre institution en province ont l'occasion de se faire connaître pendant qu'il s'organise ou lorsqu'il se tient. C'est ainsi qu'on a pu entendre en trente ans les principaux organes de la mutualité départementale.

Il y a parmi eux des avocats, des médecins, des industriels, des voyageurs de commerce, des représentants de l'administration, des instituteurs, des employés et des ouvriers. Ils parlent parce qu'ils en ont le goût et même assez souvent la vocation.

Celui qu'il nous fut donné de voir avant tout autre sur la brèche, à l'heure des premières conquêtes, est encore actif, bien vivant, président de l'*Émulation chrétienne* de Rouen, ancien bâtonnier du barreau de cette ville, membre de son académie des lettres, sciences et arts, M. Henri Vermont. Je ne l'ai jamais entendu plaider, mais j'imagine qu'avec sa combativité, sa nervosité, en se servant pour répondre à ses adversairés de sa voix claire, aiguë et coupante, il doit être à la barre, pour ses confrères et pour leurs clients, un adversaire redoutable. Dans les congrès, il a exercé une sérieuse influence, faisant entrer certaines demandes de réforme dans le programme mutualiste à force de les répéter : la défense du fonds commun, le maintien du taux d'intérêt de 5 %, puis de 4 1/2 %, la substitution d'un droit fixe aux droits ordinaires de mutation en faveur des sociétés de secours mutuels. Très dévoué mutualiste, il fait pour nos sociétés, ce qu'il fait pour ses clients, défendant avec conscience leur intérêt exclusif. Il leur a rendu beaucoup de services. Peut-être les aurait-il encore mieux servies si l'habitude du barreau ne l'avait pas prédisposé à désirer pour elles des résultats tangibles, immédiats, en ne s'inspirant parfois, ce qui caractérise les personnes qui nous aiment sincèrement, que des exigences d'un droit absolu. Mais la perfection est-elle de ce monde?

La région du Nord nous a donné M. Dubron, M. Petit, M. Duquenne. Ce dernier est encore le directeur du *Nord-Mutualiste.*

M. Dubron est avocat (1). En l'écoutant, il serait difficile

---

(1) Victor Dubron (1847-1914), vient de mourir à Douai. « Orateur prestigieux, dit M. Plouvier, bâtonnier du barreau de Douai, il était doué d'une de ces intelligences d'élite qu'une profonde culture classique avait affinée. Il n'était point de tribune où il ne parut l'égal des meilleurs.

N'insistons pas sur le conférencier hors de pair, le journaliste érudit, le poète délicat, l'auteur dramatique même. Il a abordé tous les genres avec succès.

Au criminel, il savait mettre en relief en termes souvent élevés, et toujours d'une élégance impeccable, toutes les circonstances pouvant impressionner le jury et déterminer l'acquittement.

Au civil, sa marque propre était l'originalité. On retrouvait en toutes circonstances sa parole abondante et châtiée. Mais le tour de la phrase et un rare bonheur d'expression en faisaient surtout le charme. Il ne disait que ce qu'il voulait dire et comme il voulait le dire, sans nuire à la trame de son discours non plus qu'à la force de ses arguments. Il avait l'art d'en rompre la monotonie par des aperçus ingénieux et des réminiscences heureuses. Il maniait admirablement l'ironie, au besoin. C'était un charmeur.

de ne point penser à l'admirable artiste qu'était Dumaine, émouvant et fort dans *Patrie*, de Victorien Sardou, et dans le *Bossu*, d'Anicet Bourgeois et Paul Féval. Non seulement sa voix émeut et vous prend aux entrailles, mais les sujets qu'il préfère sont les plus pathétiques : l'allaitement maternel, la dépopulation, le taudis, la famille mutualiste. En 1911, une conférence spéciale lui fut demandée, en dehors de son intervention dans les discussions, au congrès de Roubaix. Il réserve assez ordinairement ses conférences à la région du Nord : Douai, Lille, Amiens.

Du Nord et du Pas-de-Calais, c'est en Seine-et-Oise qu'il faut aller, après Paris qui nous a déjà occupés, et après la Seine-Inférieure où il serait injuste de ne point donner au Havre et à Rouen où se fait souvent entendre la voix toujours généreuse et sage de M. Charles Lacoste, une juste mention. Vers l'Est, il y a la Marne et l'Aube; vers l'Ouest, la Touraine, l'Anjou et au centre le Limousin. Il y a eu, dans ces diverses régions, d'infatigables organisateurs de conférences : MM. Daunay, dans l'Aube; Delaunay, dans la Seine-Inférieure; Schnetzler et Malhanche, à Reims; Dreux, en Touraine; Sénèque, à Limoges; Émile Joly, à Saint-Étienne; Salomon, à Paris. Ce dernier est lui-même écrivain fécond, mutualiste et conférencier. Nous avons entendu encore Bleton à Lyon, Bonniot à Marseille, Hérente et Coulomb à Toulon, Nicolas à Nancy.

Ce qui est digne de remarque, c'est le désintéressement des conférenciers mutualistes, aussi bien que celui des administrateurs de nos sociétés. La mutualité est désintéressée, bien que certains statisticiens signalent quelque usage de jetons de présence et certains frais de tournées de propagande, et que notamment les pseudo-mutualistes aient voulu le contester. Je suis allé, pour ma part, plus de cent fois, donner des conférences sur tous les points du pays, sans recevoir jamais la moindre indemnité, très rarement même le remboursement de mes frais de voyage.

On a vu récemment, aux États-Unis, le Secrétaire d'État du Gouvernement de l'Union, M. Bryan, se mettre en mesure de tirer parti de ses talents d'orateur et de la notoriété qu'il doit à sa qualité d'ancien candidat à la présidence de la République américaine.

« Sachant que la mode est aux spectacles coupés, aussi bien aux États-Unis qu'en France, ont dit les journaux, il a traité avec un impresario qui lui a donné pour l'encadrer des acrobates, des jongleurs, un prestidigitateur et quelques autres attractions. C'est à Salisbury (Maryland) qu'a eu lieu la première représentation de cette tournée sensationnelle. »

Un ministre des Affaires étrangères s'exhibant comme conférencier à recettes, et encaissant douze mille francs par représentation, c'est à refuser d'y croire! Voilez-vous la face, Talleyrand, Metternich, Gortchakof! Le diplomate américain qui se montre si pratique, répond à cela qu'il n'est point assez payé comme ministre de la République et qu'il se voit contraint de demander à ses talents d'orateur un supplément de ressources.

Les besoins d'une institution lorsqu'elle se propose comme la nôtre de faire triompher l'entr'aide, la solidarité, le secours mutuel entre les hommes, la morale dans les groupements sociaux, le soutien permanent et le soulagement de l'être humain — sont autrement intéressants que ceux d'une individualité plus ou moins brillante qui ne vise qu'à l'accroissement de son superflu et à l'augmentation de sa richesse dans un pays de milliardaires. A ce point de vue, les congrès ont rendu de grands services à la mutualité. Ils ont permis à cette République, grâce au travail d'un certain nombre de citoyens économes et prévoyants, de se donner elle-même lois, statuts, règlements, parvenant ainsi à la claire conscience de sa valeur et de sa force.

Le programme de ces congrès contient nécessairement l'examen des principaux services de nos sociétés : maladie, frais funéraires, retraites, assurance au décès; en même temps que l'examen de leurs différentes formes au point de vue des personnes : mixte, familiale, scolaire, et celui du fonctionnement, rapports avec l'État, immunités, subventions. Il est inévitable en même temps que d'autres questions viennent se joindre à celles-là : liberté ou obligation, fonds commun ou livret individuel, chômage, invalidité ou réassurance. De vrais talents oratoires se sont révélés dans chacun de ces parlements mutualistes.

On l'a vu, dans les parties déjà parues du présent travail, c'est toujours à l'histoire des idées, non à celle des personnes que je me suis attaché. Je veux persévérer dans l'usage de cette méthode, au moment où tant d'oublis seraient à craindre parmi des congressistes de talent devenus de plus en plus nombreux.

On y voit des professeurs, des médecins, des jurisconsultes, des publicistes qui n'y viennent point assurément faire leurs premières armes. On revoit souvent sur l'estrade, c'est inévitable, ceux qui ont la parole abondante, ceux à qui l'on a dit souvent qu'ils savent parler. Non seulement ils se tiennent tout près de la tribune pour y être plus tôt montés, mais ils suivent les congrès, se retrouvant de l'un à l'autre parmi les délégués habituels des sociétés. On a beau invoquer le règlement qui n'accorde que dix minutes à chaque orateur, ils continuent de parler, sans vouloir s'arrêter, ou bien ils reparaissent comme ayant été mis personnellement en cause, ou encore ils viennent déposer quelque « motion d'ordre », ou enfin ils prétendent faire différer la clôture et recommencent toute la discussion, comme l'Intimé dans *les Plaideurs,* reprenant tout *ab ovo :*

Avant la naissance du monde.....

Ne trouvant guère indispensable que ce qu'ils ont à dire eux-mêmes, ils crient « Aux voix ! » sitôt qu'ils s'aperçoivent qu'il y a cinq minutes qu'on vous laisse parler. Que faire? Il ne reste qu'à se résigner, en arrondissant son dos sous cette averse de paroles.

Ce qui est intéressant, c'est de voir débuter, incorrect, décousu, mais attachant tout de même, quelqu'un de ces ouvriers qui ont un don de parole naturel.

Ils ne font que débuter, et déjà comme Pataud, ils pourraient faire une tournée de conférences à travers la France (1).

Un psychologue pénétrant, M. Jean Lefranc (1), a tracé de main de maître le portrait de ces Mirabeaux en herbe : « Il a la taille bien prise, c'est un beau gars. Une longue moustache lui coupe le visage martialement. Il dompte aisément sa timidité et hausse la voix pour vous montrer qu'il n'a pas peur, bien qu'il soit parfois gauche dans sa nouvelle carrière d'économiste par la parole et par le fait. Il est doué du reste de cette volubilité des habitués de meeting à qui manquent seulement quelques leçons de grammaire pour être des orateurs accomplis. » L'art de parler est primitif, le peuple y excelle. On n'écrit ses discours que lorsqu'on a fait le tour des idées et des choses ou qu'on a des scrupules intellectuels.

A un degré de culture un peu plus élevé, j'ai signalé déjà dans mon *Histoire d'un Mutualiste* (2) le succès des instituteurs dans nos congrès. Je n'en ai guère vu où l'un d'entre eux n'ait joué un rôle tout à fait en vue et n'ait fait au bout du compte adopter ses conclusions. Il y a toujours quelque chose de péremptoire dans leur jugement, un aplomb magistral qui plaît au peuple, une connaissance de ses intérêts qui l'attire et une plaisanterie au gros sel qui le séduit parce qu'elle atteint, sans la dépasser jamais, la portée habituelle de son esprit.

Ces congrès sont la véritable école des mutualistes. Il en est, comme partout, qui ont la parole lente et rare et qui se bornent à écouter les autres. Encore apprennent-ils, à en-

---

(1) Il y a là une sorte de mérite qu'il ne faut point méconnaître. Ce n'est guère correct, mais c'est chaleureux. Quel est d'ailleurs, le plus beau discours? Cette *question* a donné lieu à des réponses très diverses.

Dans le projet d'Institutions de Saint-Just, qui se crut à vingt-cinq ans le Solon et le Lycurgue de la France, se trouve formulé le jugement qui suit : « Le prix d'éloquence sera donné au laconisme, c'est-à-dire à celui qui aura proféré une parole sublime dans un péril. » C'est beau, mais c'est court. Surtout, c'est facile. On supprime tout : l'invention, l'argumentation et l'élocution, l'art tout entier et, en même temps, tout le travail professionnel de l'orateur.

(2) Revue de la Prévoyance et de la Mutualité, juillet 1910 à octobre 1913.

tendre parler de ce que les autres font, ce qu'ils ont besoin de savoir eux-mêmes et ce qu'avec leurs propres lumières ils n'auraient peut-être pas trouvé.

Ce qui ne laisse pas d'être difficile à exécuter, ici comme dans les congrès ou les assemblées politiques, c'est le mandat impératif. Le Conseil d'administration d'une Société de petite ville a chargé l'un de ses délégués d'une mission spéciale. Il a le parti pris d'avance d'accomplir résolument sa tâche. Il le fera, c'est certain, par probité, par honneur. S'il a le don de se mêler au débat au moment opportun, cela ira tout seul. Mais s'il laisse passer le moment psychologique, il ira jusqu'à demander la parole pour « une déclaration ». Le président prévenu ne manquera pas de la lui donner. De guerre lasse, s'il n'a pas satisfaction, il remettra la rédaction de ses « conclusions » au Secrétaire général, le priant de la faire figurer quelque part, voire aux annexes, où l'on écoule les divers papiers qui peuvent éclairer ou compléter la discussion.

Les congrès sont encore très nécessaires à ceux qui veulent se rendre compte des étapes parcourues par les hommes qui dirigent le mouvement mutualiste.

J'ai organisé moi-même celui de 1900 qui avait le caractère international, et qui fut le premier. On y fit la connaissance d'une nouvelle venue, la Mutualité belge, conduite par M. Tumelaire, très instruit et très bien renseigné. On y entendit quelques hommes éminents dont la voix peut-être ne s'élèvera plus parmi nous : M. Eugène Rostand, le grand-père de Cyrano, ainsi qu'on l'a dit fort bien et très spirituellement, M. Albert Chaufton, et M. Napoléon Breton qui représentait la Mutualité du Canada.

En 1901, le Congrès national de Limoges nous fit connaître une physionomie nouvelle, le mutualiste collectiviste, s'il est permis de s'exprimer ainsi sans dire une énormité. M. Pierre Lacroix fut pris à partie pour s'être servi d'un truisme quotidien dans la presse et à la tribune, « l'utopie socialiste ».

Nantes nous fit connaître M. Guist'hau et, pour la première fois, introduisant la politique dans nos congrès, nous montra qu'on peut faire voter, même par des mutualistes, le principe de l'obligation.

Nancy signala, sous la présidence éclairée de M. Nicolas, la victoire définitive de l'assurance au décès considérée comme une forme particulière de la mutualité et traitée à part, en des groupements distincts.

Montpellier mit en vedette un homme d'une réelle intelligence qui avait attendu son heure, M. Warnery, orateur disert et abondant.

Mais ce qui a placé les plus beaux exemples et les plus instructifs sous les yeux des membres participants de nos sociétés, c'est l'appel de quelques sociologues éminents.

Les mutualistes ne diraient pas volontiers comme Chrysale dans les *Femmes savantes* :

> Je vis de bonne soupe et non de beau langage...

Il ne manque pas un seul d'entre eux au moment où, soit dans la salle des séances du Congrès, soit au théâtre de la ville, le conférencier qu'on a fait venir tout exprès prend la parole. Le succès est toujours grand et le souvenir durable. Les présidents retiennent pour leur propre instruction les arguments de l'orateur.

Quelque applaudis qu'ils aient été, je n'en ai vu aucun qui obtînt, avec un moindre effort, un plus grand succès que M. Léon Bourgeois. De quoi ce succès est-il fait? Il y a tant d'aimable simplicité dans sa parole qu'il me paraît aisé de l'analyser.

Rien d'agressif (1). L'orateur parle en philosophe. Il n'ac-

---

(1) Il est rare qu'un orateur ait besoin d'être agressif. Il doit se surveiller, au contraire, lorsqu'il sait que son tempérament l'y pousserait, et il n'a rien de mieux à faire pour cela que de cultiver l'étude des précautions oratoires.

Ne méconnaissons pas l'extrême utilité de la précaution oratoire.

Il ne faut point heurter les auditeurs en allant à l'encontre de leurs idées les plus chères ou de leurs préjugés les mieux établis.

On dit que Laferrière, brillant acteur, jouant le rôle du jeune premier dans l'*Honneur et l'Argent*, de Ponsard, au théâtre de l'Odéon, eut la curieuse

cuse pas le capital d'exploitation égoïste, ni le travail d'une incurable aigreur ou d'une insatiable avidité. Vous ne trouverez pas chez lui les mots qui blessent, « jouisseurs », « trafiquants de chair humaine », d'une part; de l'autre, « alcooliques », « dogues affamés ».

Il n'annoncera comme prochains ni le grand soir ni la lutte finale.

Ce qu'il faut incriminer, c'est moins l'homme lui-même que la succession souvent imprévue des événements dans l'évolution moderne si rapide de la société.

Venu pour présider le Congrès contre le chômage (je cite ce morceau parce qu'il est caractéristique), il disait à Gand, il y a peu de temps encore, ce qui suit :

> La transformation du globe par les innombrables découvertes scientifiques du dernier siècle, la rapidité prodigieuse de la vie, l'accumulation des capitaux qui met à un certain moment le marché du travail entre les mains de quelques hommes, l'âpreté croissante des concurrences nationales et internationales, la force incalculable donnée à chacun des mouvements économiques par l'organisation collective des capitaux aussi bien que du travail, toutes ces causes, dans tous les pays, ont mis peu à peu au premier plan des préoccupations politiques les questions d'ordre social. C'est toute une conception nouvelle des rapports de l'individu et de la société, qui peu à peu s'est esquissée...

L'intensité du progrès économique et scientifique, constate M. Léon

---

inspiration, couronnée d'un grand succès, de prendre à partie quelques spectateurs, ostensiblement visés, des fauteuils ou du balcon :

> Vous, Monsieur, vous n'avez ni principe, ni foi,
> Et votre avancement est votre seule loi ;
> Touchez là ! — Vous, Monsieur, à la fin de la lutte,
> Vous flattez la victoire et flétrissez la chute.
> Soyons amis ! Salut, ô pieux débauché,
> Que le mot effarouche, et non pas le péché !
> Salut ô Turcaret ! Salut, ô parasite,
> Qui souris des bons mots que Turcaret débite.

Il paraît que ces apostrophes eurent un grand succès à la première représentation. Mais l'orateur mutualiste ne doit point rechercher ce succès théâtral.

Lorsqu'on veut s'élever contre une erreur chère à un public qui vous écoute, le moyen classique est au contraire, par précaution oratoire, d'introduire d'abord un sujet sur lequel on soit d'accord avec lui, et, à la faveur du plaisir qu'on lui a fait, d'amener incidemment les critiques que l'on s'est proposé de lui faire entendre.

Bourgeois, se produit finalement au préjudice des faibles. Il faut reconnaître l'existence des *maux sociaux*, c'est-à-dire des maux dont les causes ne sont pas dans l'individu lui-même, mais dans les conditions sociales où il est obligé de vivre, et dont les effets à leur tour ne s'arrêtent pas à lui, mais atteignent autour de lui sa famille, son milieu, et bientôt la société elle-même.

Aux *maux sociaux*, il faut remédier par l'*effort social*, c'est-à-dire par une organisation collective, non seulement d'assistance, mais d'assurance et de prévoyance communes à tous, puisque tous courent les mêmes risques et peuvent être à leur tour victimes des mêmes maux.

Membre très convaincu et très éclairé de l'école positiviste, auteur d'un livre qui restera sur la *Solidarité*, il pose sans hâte ses prémisses conformes à la doctrine de cette école :

Assister, c'est attendre que la misère soit survenue pour donner l'aumône au misérable. Or, l'aumône, si elle reste toujours un geste méritoire, n'est pas un acte social.

Pour qu'un acte soit social, deux conditions sont nécessaires :

Moralement, il faut qu'il ait un caractère certain de réciprocité ; qu'il soit l'accomplissement d'une obligation mutuelle, l'acquittement d'une charge que tous doivent accepter dans un état de véritable société.

Pratiquement, il faut qu'il soit efficace. Il faut, dans la limite des forces humaines, qu'il sauve ou qu'il répare, qu'il prévoie le mal évitable et qu'il l'écarte, ou que lorsque le risque est fatalement inévitable il ait préparé les moyens d'en assurer la réparation.

L'acte social est donc nécessairement un acte de mutualité et un acte de prévoyance et d'assurance. Et si l'on considère non plus l'action de chacun de nous, mais l'action collective, celle-ci n'aura également qu'aux mêmes conditions le véritable caractère social. Ici, c'est le devoir de mutualité de tous envers tous qui s'exprime et qui s'accomplit, et c'est le mal de tous qu'il s'agit de prévoir ou de réparer.

L'ancien président du conseil étudie ensuite les dispositions résultant de la législation sociale. Dans une péroraison éloquente, M. Léon Bourgeois souhaite l'avènement d'une conception supérieure de la vie :

Deux lois contraires semblent aujourd'hui en lutte : une loi de sang et de mort qui, en imaginant chaque jour de nouveaux moyens de combat, oblige les peuples à être toujours prêts pour le champ de bataille, et une loi de paix, de travail, de salut, qui ne songe qu'à délivrer l'homme des fléaux qui l'assiègent. L'une ne cherche que les conquêtes violentes, l'autre que le soulagement de l'humanité. L'une sacrifierait des centaines de mille existences à l'ambition d'un seul; l'autre met une vie humaine au-dessus de toutes les victoires.

Il faut donc chercher dans l'association, dans la solidarité, dans la mutualité au sens le plus large, le remède à de si grands maux.

Qu'on se figure à quel point de telles paroles peuvent trouver un écho dans le cœur de ceux qui ont parfois pour seule religion cette conception toute fraternelle de la vie!

Les traits de l'orateur sont tranquilles, sympathiques. Sa conviction personnelle est évidente. Il n'y a rien en lui dans ces moments-là du politicien, ni surtout du démagogue. C'est la séduction, c'est le charme qui opère. Il a la voix prenante, le regard sympathique, le geste abondant et naturel (1), le ton si débonnaire qu'il est impossible de révoquer en doute son véritable amour pour ses semblables.

Il est là comme à la conférence internationale de la paix, lorsqu'il va siéger à la Haye. Il est là comme dans ces cabinets de ministre où il fait aux délégations un accueil simple

---

(1) Parmi les parlementaires qui ont tenu à gravir les degrés de la tribune mutualiste, M. Léon Bourgeois est l'un de ceux dont la manière paraît s'éloigner le plus des habitudes du barreau.

A ce point de vue, je n'ai pu lire sans sourire l'*Anthologie des avocats français contemporains* par M. Fernand Payen, ouvrage in-octavo paru naguère chez Grasset. Il est question dans cet ouvrage de Bétolaud, du Buit, Bardoux, Chenu, Henri Robert, Labori, et même de Gambetta.

Voici, d'après l'auteur, la caractéristique du genre moderne : « Plus de mimique, plus de gestes. L'action est encore tout l'orateur; mais l'action c'est presque exclusivement la voix... Débordés par les affaires, les juges sont pressés de juger. Ils demandent des faits et des arguments, se passant volontiers d'éloquence. »

« Il n'est pas temps, disait Fénelon, de se préparer trois mois avant de faire un discours public. Il faut avoir passé plusieurs années à se faire un fonds abondant. L'auteur déplore que l'enseignement de l'art oratoire ne soit plus donné nulle part. Plus de discours latin, plus de discours français, plus de narration, plus d'argumentation! Si cela continue, la France littéraire et artistique sera privée de l'une de ses plus précieuses facultés, puisqu'elle cessera d'en faire usage. »

Certes, l'école est toujours utile, mais il est arrivé trop souvent qu'elle n'a formé que des rhéteurs.

et cordial, trouvant une bonne parole pour chacun, donnant cette poignée de main qui rassure et réconforte.

La conception d'ensemble qu'il peut avoir de la réforme sociale l'amènerait peut-être, s'il fallait l'exposer, à regarder comme acquis en matière d'assistance ou de retraites des résultats encore incertains, à proposer quelque répartition nouvelle des faveurs gouvernementales. Mais il a trop de véritable maîtrise pour s'écarter du sujet dont la tractation lui a été assignée dans le programme officiel.

On sort de là ravi, conquis. Le charme a si bien opéré qu'il n'est pas un de ses auditeurs qui ne se félicite d'être venu.

Je l'ai dit ailleurs. Je n'ai vu que Jules Simon qui eût sur toutes les grandes questions ces vues arrêtées, systématiques, et qui obtint ces incomparables succès de simplicité et de bonhomie.

Celui-ci même y parvient avec moins d'effort. Il est si naturel que la vérité paraît découler de ses lèvres. Il donne ses vues sur l'humanité, parfois même l'espoir souriant auquel l'ont conduit sa philosophie humanitaire et sa rêverie philanthropique, comme l'abeille donne son miel.

CHAPITRE V

LES BANQUETS

On dit tout aujourd'hui *inter pocula*, aussi bien qu'à la tribune. Les ministres se rendent aux banquets soit pour soutenir la politique du gouvernement dont ils font partie, soit pour réchauffer, dans leur propre intérêt, le zèle de leurs électeurs.

Les présidents du Conseil y viennent prononcer assez souvent leur discours programme et ils se font accompagner volontiers par quelques membres du cabinet qu'ils ont formé. C'est ainsi que les mutualistes, excellent public, toujours prêt à s'intéresser à toutes les questions, entendent parler au besoin de la réforme électorale et de la politique étrangère.

J'ai l'intention, beaucoup plus simplement, de consigner ici à la disposition de ceux qui seraient tentés d'aller éprouver par eux-mêmes les effets de la « chaleur communicative », mes longues observations sur les toasts.

Il semble très simple de rassembler deux ou trois idées et de les exprimer au dessert devant un auditoire d'autant mieux disposé qu'après un bon repas il est ordinairement bien préparé à rire, applaudir et admirer. Eh bien! non, cela ne l'est point, ou du moins cela l'est bien moins qu'il ne semble. Essayez donc de chanter un morceau si vous n'avez point de voix, ou d'égayer vos voisins de table par une chansonnette, si l'art de dire le couplet vous est étranger!

On ne fait avec confiance que ce qu'on sait faire. Tel général aurait plus court de charger l'ennemi à la tête de sa cavalerie que de venir à bout de porter un toast.

On peut signaler le fait suivant parmi les mémorables exemples du trouble où la peur jette les orateurs inexpérimentés.

Il est rapporté dans l'un des trois volumes de *Souvenirs* qui ont paru chez Plon-Nourrit, naguère, sous la signature du général du Barail.

Le général devait porter la santé des souverains, comme ambassadeur extraordinaire de Napoléon III, lors du couronnement du roi Oscar de Suède.

« L'improvisation apprise par cœur, écrit-il dans son livre de *Souvenirs*, fut récitée avec chaleur. J'arrivai au sommet de mon toast, à sa conclusion. Cette conclusion était naturellement celle-ci : « Messieurs, je vous propose de boire à la santé du roi, de la reine et de la famille royale.» C'était bien simple, trop simple! Je me trouble, j'empoigne mon verre avec la dernière énergie, et je m'écrie sans même m'en apercevoir : « Messieurs je vous propose de boire à la santé de « l'empereur, de l'impératrice et de la famille impériale! »

« Ma femme, que je ne perdais pas des yeux, me parut aussitôt donner les signes d'un malaise incompréhensible. J'obtins un succès de franche gaieté parmi tous ces diplomates déridés. Le mot de la situation fut dit, à l'oreille de mon aide de camp, par le major général russe : « Ce que « c'est que la force de l'habitude! » (1)

---

(1) Après quelques autres, le docteur Paul Joire, dans un livre récent, étudie le « trac », la terrible phobie qui paralyse les plus beaux talents chez les orateurs, les comédiens, les musiciens et bien d'autres encore.

Le trac ne s'établit pas indifféremment chez tous les artistes. Il lui faut un terrain approprié. Celui-ci est préparé par des éléments fondamentaux d'abord, tels que la neurasthénie, l'hystérie, la faiblesse coutumière de volonté et aussi la timidité qui n'en est qu'une partie constituante. Il y faut ensuite des dispositions accidentelles. La dépression nerveuse, le surmenage, les chagrins, la peur de l'échec sont les principales. Puis viennent les erreurs de jugement, le manque de confiance en soi, l'exagération des qualités d'autrui, l'anxiété de l'attente, la sensation d'hostilité de la part de l'auditoire, toutes causes occasionnelles et secondaires. Les examens, les concours sont encore des raisons surajoutées, et c'est souvent à leur occasion que le trac se manifeste de préférence.

L'aboutissant de tout cela, c'est une véritable inertie des facultés, qui

Il n'est point d'allocution qui exige plus de simplicité, plus de naturel qu'un toast. On peut dire qu'il doit avoir pour caractéristique, avant tout, l'aisance et l'enjouement spirituel. Ces grands discours que les hommes d'État nous apportent au dessert, pour faire applaudir leur politique, ont contribué certainement à fausser la notion précise qu'on doit en avoir.

Nous ne sommes pas tous musiciens, mais, chaque fois que nous parlons, il est un certain air qui conviendrait à nos paroles, un certain ton, particulièrement, sur lequel il faut les dire ou les chanter. D'autre part, pourquoi parlerait-on lorsque l'on n'a rien à dire? Il faut parler sur quelque chose, sur l'économie aux membres d'une société d'épargne, sur la prévoyance aux mutualistes, sur l'augmentation des pensions aux membres des sociétés de retraites. Voilà ce qui fait que le ton est, tantôt trop élevé, tantôt trop familier. On dépasse le but parce qu'on le perd de vue.

L'acteur du Théâtre-Français, Préville, étant allé jouer à Rouen, dit M. Olivier Francillon qui a écrit à Venise une de ses biographies, un petit bossu haussait les épaules chaque fois que Préville parlait.

— Qu'est-ce donc qui vous déplaît dans mon jeu, lui demanda Préville qui jouait *Figaro?*

---

n'obéissent plus à la volonté du sujet. Celui-ci est atteint d'amnésie complète ou partielle, sent mille idées inconcevables et absurdes traverser son esprit, est diminué dans ses perceptions sensorielles, oculaires, auditives, tactiles, a des troubles du mouvement, de l'incoordination des gestes, des éblouissements, des vertiges, de la voix blanche. Des symptômes généraux s'ajoutent volontiers à cet état de dépression intense : les tremblements, l'oppression, les palpitations sont les plus connus d'entre eux.

Agir sur un pareil complexus est assez malaisé. Beaucoup, heureusement, y parviennent d'eux-mêmes et telle raison inspirant accidentellement la confiance viendra détruire parfois le mal occasionné par les causes que nous avons énumérées. Mais il est nécessaire, pour cela, qu'intervienne une certaine force de volonté qui est déjà un excellent élément de résistance au trac lui-même. Souvent, il est indispensable de traiter les artistes atteints de cette phobie comme de véritables malades, en leur prescrivant un régime, une hygiène générale et spéciale bien calculée, des exercices et du repos soigneusement dosés. Pour M. Paul Joire, l'élément supérieur de cure est la suggestion et principalement l'hypnotisme.

— C'est bien simple, lui répondit le petit bossu. Vous jouez la farce et non la comédie.

— Que voulez-vous dire?

— En d'autres termes, vous vous éloignez de la nature, vous cherchez les effets grossiers.

— Qu'en concluez-vous?

— Ceci : vous êtes un bouffon, vous n'êtes pas un premier comique.

Dorat a pourtant dit de lui, dans son livre de la *Déclamation théâtrale* :

> Que du lierre immortel son front soit couronné.
> Qui fait rire son siècle en doit être adoré.

Malgré tout, l'observation du bossu était parfaitement juste. Chaque genre comporte l'usage d'un certain ton. Ceux qui ont l'oreille juste, le jugement sain, le sentiment de la mesure exact et précis, se récrient lorsque, les croyant moins bons juges qu'ils ne le sont, on se résout à détonner.

Mais passons sur ces préliminaires et hâtons-nous d'aller au fait.

Je conseille aux présidents qui ne se sentent que de faibles dispositions pour l'art oratoire, de ne point s'éterniser dans la lecture des remerciements, ce qui est ordinairement leur lot et souvent leur erreur.

La banale énumération d'un certain nombre de personnes présentes ne flatte guère que ceux qui sont compris dans le tas. Elle intéresse peu, d'autre part, ceux qui savent d'avance qu'ils n'y seront pas compris.

Mais trouver l'occasion, dans un discours déjà riche d'idées et nourri de faits, lorsqu'on a suffisamment parlé de l'objet de la réunion, de saluer les principales personnalités qui honorent cette réunion de leur présence, c'est un effet assuré sur l'esprit ou le cœur des auditeurs et (l'on peut en être convaincu) un triomphe certain.

On aura beau dire que l'orateur ne fait que voler en quelque sorte au secours de la victoire, puisque ces personnes connues ne gagneront rien de plus à ces éloges! C'est la joie des convives de les entendre parce qu'ils sont flattés de leur présence au milieu d'eux (ministres, sénateurs, députés, grands industriels, savants, artistes en renom), et, comme chacun ne peut aller leur exprimer cette joie, d'entrer en communication avec eux par cette expression la plus simple de la satisfaction du public : l'applaudissement, l'acclamation ou l'ovation.

S'il en est dix à douze ayant pris place à table, ce sont autant de salves d'applaudissements sur lesquelles l'orateur qui les énumère peut compter.

Mais toute médaille a son revers. Ceux qui sont omis seront cruellement blessés de cet oubli. Ceux qui ont été oubliés par la personne qui s'était chargée de l'allocution, en éprouvent un fâcheux et parfois durable ressentiment.

Il faut avoir l'esprit très présent, beaucoup d'assurance et de maîtrise de soi pour oser se livrer à l'une de ces énumérations. Il faudrait l'écrire d'avance. Or, l'intimité de telles fêtes exclut les papiers et les écritures. J'ai tenté souvent d'employer ce procédé oratoire de l'*énumération* et j'ai toujours eu, bien que j'aie promené mes yeux sur tous les points de l'assemblée, de fâcheux oublis à regretter. Je ne connais que le président de la Fédération nationale qui ait ce don au plus haut degré! Lorsqu'il a parlé, vous chercheriez en vain quelle est celle des nombreuses personnalités présentes dont le nom lui a échappé!

Encore faut-il ne verser ce « vin de la louange » qu'à dose modérée, surtout si celui qui s'en voit présenter la coupe est réellement assez bien doué pour avoir le droit de se montrer difficile.

Je me souviens d'avoir, à la fin d'un toast, célébré en termes chaleureux, l'influence et l'obligeance du président d'un important comité politique.

Ni l'une ni l'autre n'étaient niables. Mais il estimait n'avoir conquis sa grande autorité que grâce au mystère dont il savait s'entourer. Il avait coutume — et je l'ignorais — de s'en défendre, d'abord pour la mieux conserver, et ensuite pour écarter plus aisément les solliciteurs indiscrets. Il arrêta lui-même, par un seul mot, l'effet que j'avais attendu de mes paroles.

Placé de l'autre côté de la table, juste en face de moi, il lança cette interruption, en souriant d'un air émerveillé :

— Vous êtes du Midi ?

— Pas plus que vous n'êtes Normand, répondis-je.

Le vrai, c'est que je suis à peine du Sud-Ouest, tandis qu'il est lui-même originaire de ce que les Marseillais nomment le midi et demi.

D'autres s'étaient montrés satisfaits. Mais son intervention fit prendre à leurs idées un cours différent et, sans doute, les empêcha de me savoir gré de mon intention.

D'autre part, ne vous excusez pas, ainsi que certains orateurs le font maladroitement, de n'avoir point rassemblé assez d'idées parce que vous aviez peur d'être trop long. Il vaut mieux déclarer que vous risquez d'être long. On s'y attendra, et si vous n'abusez pas ensuite de l'effet de cette précaution oratoire, on vous saura gré d'avoir abrégé.

La moyenne des toasts que le public écoute avec faveur ne dépasse pas un quart d'heure. Pour aller jusqu'à vingt ou vingt-cinq minutes, il faut avoir beaucoup d'esprit.

Même à la tribune parlementaire, aussi bien qu'à la barre des tribunaux, il convient de parler trois heures au plus.

L'indisposition qui paralyse guette les plus robustes.

Un jour, à l'Assemblée de Versailles, certain orateur dit à Gambetta : « Parlez-nous des comptes fantastiques de la Défense Nationale. »

Il monte à la tribune, et durant trois heures, il retrace l'effort de la France blessée, montrant qu'il fut formidable.

Quand il a fini, ses amis le reçoivent dans leurs bras. Mais, chose étrange, le tribun est devenu subitement muet.

L'indisposition n'eut pas de suite. C'est par les artères que nos cervelles s'atrophient. Le spasme par surmenage menace les hommes ayant atteint la cinquantaine.

Celui-ci fut à peine remarqué. Les journaux seuls, en très petit nombre, le signalèrent au public.

Il y a là un danger dont on n'a pas à se mettre en souci

au sujet des allocutions que l'on prononce à la fin d'un repas.

Il ne convient même pas d'être très véhément à l'heure des toasts. Il faut, si l'on veut briller, que ce soit par la grâce, la bonne humeur et les mots d'esprit qu'on sait trouver, séance tenante, sans les avoir préparés chez soi.

Il ne faut pas, disais-je, apporter l'exposé de questions techniques aux invités et aux souscripteurs qui sont venus assister à un banquet. Mais il ne faut pas davantage se flatter d'y prendre la parole au petit bonheur, sans préparation. Un simple quart d'heure est long, lorsqu'on parle, et les invités s'aperçoivent vite qu'il n'y a rien à prendre dans ce qu'on leur dit. Quelques vues morales sur l'œuvre à laquelle ils s'intéressent avec vous, si vous les exprimez clairement et avec conviction, vont au contraire directement à leur cœur.

Les conférenciers mutualistes savent tout cela. S'il faut citer un ou deux chiffres, ils le feront de souvenir, mais sans avoir besoin de chercher au fond de leur poche un malencontreux papier servant d'aide-mémoire. Ce n'est pas le moment de faire un cours de statistique. Il faut dire des choses qu'ils puissent aisément savoir, il faut s'adresser à leur bon sens. La retraite et ses avantages, la liberté ou l'obligation, le bienfait de la réassurance, le libre usage de la partie du fonds commun qui n'est point due aux subventions, la nécessité démontrée de l'assurance au décès dans l'intérêt des familles, la reconnaissance envers ceux qui procurent aux Sociétés des subventions, des dons, des legs, l'éloge des mutualités qui savent faire quelque chose pour leurs orphelins — voilà des thèmes sur lesquels il est aisé d'exécuter des variations très applaudies.

On a soin, lorsqu'on est du métier, de demander d'avance s'il y a des médecins et des pharmaciens dans l'assistance. Leur situation est ambiguë. D'un côté, ils ne sauraient rompre toute relation avec les Sociétés de secours mutuels, surtout dans les petites villes ; de l'autre, ils ont professionnellement des rapports avec les syndicats médicaux ou pharmaceutiques, et toute réduction sur les prix de visite ou sur les tarifs fait soupirer secrètement certains d'entre eux. On peut s'attendre, lorsqu'ils sont dans la salle, à des interruptions, à des répliques véhémentes, qui ne contribueront pas à conserver un caractère pacifique à la réunion où l'on est venu.

Il y a lieu, en pareil cas, de recourir aux précautions oratoires et de déclarer que ceux qui s'attachent à la Société jusqu'à venir s'asseoir à son banquet annuel ont fait preuve d'un dévouement au-dessus de tout éloge. Si le conflit semble inévitable, il est toujours un moyen bien simple de se tirer d'affaire, puisqu'on n'est pas venu spécialement pour cela, et puisqu'on a le choix des sujets dont on veut entretenir les convives. Il n'y a qu'à dire, si le moment de réjouissance où l'on est parvenu le permet : « L'heure avancée m'oblige à remettre à plus tard une question dont je n'ai pas besoin de rappeler l'intérêt. » Ou bien encore : « Je me propose de prendre un autre rendez-vous avec la Société pour traiter à fond cette partie du programme. » Il est toujours un certain nombre de convives que la question n'intéresse guère. Ils vous sauront gré d'abréger.

Il faut du tact pour tout cela. Celui qui sait qu'il parlera doit se renseigner, dès qu'il arrive, et connaître, au moins pour les avoir lues une fois, les amusantes leçons que le chevalier poitevin de Méré crut devoir consigner, pour l'auteur des Provinciales, dans un manuscrit que la bibliothèque Mazarine a eu la bonne fortune de conserver. C'est un essai de sténographie destiné à faire connaître les leçons « de politesse, de maintien, de belles manières et d'aimable conversation que ce vieux gentilhomme, devenu campagnard, crut devoir prodiguer au jeune savant lorsqu'il voulut apprendre les usages mondains, sous ce titre : « *Les agréments de l'esprit et de la conversation* ».

« Un homme qui entre dans un lieu où se donne une fête, voit d'abord tout ce qui s'y passe en un clin d'œil. Il faut connaître à l'air, à de petites choses, un fripon, un pipeur, un flatteur, un faux ami, un roquet qui fait le franc; et ceux-là sont les plus dangereux...

« Quelque excellent que l'on soit dans un métier, si l'on n'est pas honnête homme (c'est-à-dire homme de bonne compagnie) on n'est qu'un sot. »

Pourquoi ne saurait-on pas, encore aujourd'hui ces choses dont Pascal, en 1650, faisait déjà son profit?

D'ailleurs, s'il est bon, vers la fin d'un repas, d'éviter les conflits bruyants, il est pour celui des convives qui s'est levé afin de porter un toast, un moyen de dire à mots couverts les mêmes choses. Rien ne réussit mieux, dans l'allocution prononcée au cours d'un banquet, que l'*allusion*. Les convives la guettent au passage. Ils s'y attendent. Vous n'avez qu'à dire par simple allusion, en ralentissant votre débit et en souriant d'un air entendu, les mêmes choses qui auraient blessé dans une agression directe. C'est au milieu de rires approbateurs qu'elles seront accueillies.

Un autre moyen bien efficace auquel on peut avoir recours en vue du succès, c'est de s'aviser tout à coup qu'il y a parmi les convives quelqu'un qui ne prendra pas la parole, cela est certain, qu'on ne remarquera point sans doute et qui sera charmé de passer inaperçu, mais qui est un homme d'une haute valeur morale. Admirez sa modestie, dites que ces humbles savent se rendre plus utiles que ceux dont il faut s'occuper sans cesse, et vous entendrez autour de vous le bruit flatteur des approbations unanimes. De plus, vous procurerez au confrère dont il s'agit une profonde joie. Sans doute Boileau a dit :

> Aimez qu'on vous conseille et non pas qu'on vous loue...

Mais, en pareil cas, Boileau a tort. Nous aimons tous qu'on rende hommage à nos qualités et à nos efforts. Il est de simples épithètes qui flattent profondément, nous l'avons souvent remarqué. Tel maître distingué, en peinture, en sculpture, en musique, s'il ne sait point parler lui-même (ce qui arrive souvent), vous sera reconnaissant de le proclamer « illustre » et de rendre grâce à son « génie » comme le comte Almaviva à l'esprit inventif de Figaro.

Il ne faut pas déclarer, à la fin d'un toast, que l'on boit à quelque abstraction, — à l'épargne, à la retraite, à l'assurance-vie, — mais il faut boire à des personnes, voire à quelque personnalité morale, la patrie, l'union, la fédération, parce qu'en vous écoutant les convives les voient à l'œuvre en imagination, les personnifient et s'associent à leurs progrès. Mais il est indispensable de borner les vœux qu'on exprime et de dire clairement à qui l'on boit.

Aux dernières grandes manœuvres, en septembre, le ministre qui présidait le banquet offert aux attachés militaires étrangers s'écriait, en terminant son discours :

« Je bois aux représentants des puissances étrangères, à la France, à la République, au chef de l'État, à notre brave armée !...

C'était le cas de dire avec Perrin Dandin, non point :

Quand aura-t-il tout vu?

Mais, avec une variante :

Quand aura-t-il tout bu?

Ou, plus correctement, quand aura-t-il bu à tout le monde? Il ne faut pas qu'un président profite de l'avantage, dû simplement aux circonstances, de prendre la parole le premier, pour épuiser les sujets sur lesquels les autres orateurs ont le droit de compter. Si vous commencez par boire au chef de l'État, à la société qui a réuni ses amis pour une fête ou un anniversaire, aux membres honoraires très généreux, aux dames, au bienfaiteur qui a fait un don à l'association ou qui lui a réservé un legs, que restera-t-il pour les autres? Ils n'auront plus qu'à s'approprier l'un des obligeants souhaits qui ont été déjà exprimés. Il est presque inévitable que plusieurs orateurs, dans leurs allocutions, se rencontrent et qu'ils expriment en somme la même idée. Dans ce cas, il faut que celui qui vient après l'autre sacrifie cette partie de son improvisation, à moins que le sujet ait été simplement effleuré. En pareil cas, il est permis d'y revenir, pour en parler avec des détails nouveaux. Cela est possible, dis-je, au cours de l'allocution. Mais cela ne l'est guère pour le dernier mot, que l'on dit en terminant le toast, résumant en quelque sorte l'intention de tout le discours.

La tolérance des convives, au moment où l'on est le mieux disposé à l'accorder, à la suite d'un fraternel repas, permet aux accents les plus divers, enfin, de se produire au sein d'une collectivité dont le recrutement s'étend à tout un pays. Cependant, un bon accent, celui des Versaillais ou des Tourangeaux, par exemple, n'est point à dédaigner. Il contribue au succès plus qu'on n'est tenté de le penser, au premier abord.

Un professeur de l'Université, M. Philippe Martinon, docteur ès lettres, vient de consacrer un volume à la prononciation.

« Le principe général, dit-il, est le même que celui de la phonétique expérimentale. Il ne s'agit plus d'ordonner péremptoirement ce qui doit être, mais de constater simplement ce qui est. Une prononciation admise par la bonne société, est bonne par cela seul, fût-elle absurde en soi. »

Il dit comment il faut prononcer les lettres, faire la liaison des mots, et il assure que les dictionnaires les meilleurs ne donnent à cet égard aucun renseignement exact et sûr.

On fera donc bien de lire cet ouvrage imprimé chez Larousse : *Comment on prononce le français.*

J'ai entendu moi-même Francisque Sarcey consacrer à ce sujet, presque entièrement, l'une de ses plus intéressantes conférences sur le théâtre classique. Il s'agissait de la Scène *des Bavardes* dans le *Mercure galant* de Boursault.

CHAPITRE VI

LES LIEUX DE RÉUNION

J'assistais un jour, bien installé dans un fauteuil du théâtre de la Porte-Saint-Martin, à l'une des Matinées littéraires de Ballande. Il était lui-même venu s'asseoir à côté de moi, se retournant de temps en temps pour voir si quelques nouveaux spectateurs viendraient combler les vides encore assez nombreux qu'on remarquait autour de nous.

Je me levai avant l'entr'acte.

— Vous partez, me dit-il, posant sa main sur mon bras, comme pour me retenir.

— Oui, répondis-je. Un travail pressé m'attend. Vous ne serez certes pas surpris que je sacrifie le plaisir au devoir.

— C'est pour travailler que vous partez?

— Oui.

— Restez-donc, continua-t-il. Écoutez ces beaux vers classiques. Où pourrez-vous mieux travailler qu'ici?

Il y avait dans ses paroles une forte part de vérité. Je le reconnus; je restai. Je savais bien que je lui ferais plaisir. Il avait horreur du vide, comme la nature, d'après les anciens.

Il est des leçons qu'il faut aller prendre sur place. J'écris ceci pour nos jeunes orateurs et conférenciers. Qu'ils aillent souvent écouter les maîtres! Rien ne remplace, au point de vue de la diction, les leçons de choses.

Un auteur contemporain, M. Antoine Albalat, a écrit un

volume portant ce titre : *Comment il faut lire les auteurs classiques français, de Villon à Victor Hugo*. Il met en relief la caractéristique de chaque école, classique, romantique, naturaliste. Il donne la double anthologie de la poésie et de la prose. Il est bien, dit-il, de savoir les lire. Soit! Pour ma part, j'ajoute qu'il faut les lire avant tout. Qu'on ouvre les *Maîtres d'autrefois*, de Fromentin. C'est un chef-d'œuvre de critique artistique, dit-on avec raison. Pourquoi? Parce qu'il a vécu avec eux, les fréquentant chaque jour, les connaissant à merveille. L'esthétique vient ensuite s'ajouter à la lecture approfondie pour donner une véritable éducation littéraire. On n'arrive à bien mettre à leur place les orateurs du jour, et à se rendre un compte exact de leur valeur, que quand on a des notions précises de l'Histoire de l'Art.

Dans les salles de spectacle, où nous sommes souvent appelés à parler lorsqu'on nous fait venir pour des conférences, la table qu'on installe devient pour nous une tribune. C'est alors, et là seulement, que l'éloquence est à sa place.

Le théâtre, en fait d'éloquence, ne peut servir qu'à cela, bien que les auteurs dramatiques méconnaissent souvent cette vérité. La tirade des pièces à thèse ne doit pas s'écarter du ton acceptable au cours d'une conversation animée, comme on l'observe dans les pièces de ce genre qui sont bien jouées aux Français, par exemple *Le marquis de Villemer*. On déclame déjà dans telle autre pièce de George Sand, ou dans les *Idées de Mme Aubray*. Il y a excès dans quelques tirades des *Filles de marbre* de Théodore Barrière.

Il est arrivé, dans ces pièces, que le philosophe, le romancier ou le poète a un peu nui au dramaturge.

Certes, selon le goût des auditeurs contemporains, la tirade est fatigante partout. Le couplet d'un morceau écrit avec soin suffit à merveille. Celui-là seul que des auditeurs nombreux ont appelé pour discourir, doit rechercher sur le théâtre les effets habituels de l'éloquence, et non pas l'auteur ou l'acteur.

Je me suis dit souvent que, dans les salles de dimension moyenne où l'on nous appelle à parler devant des mutualistes, par exemple dans l'école primaire des petites villes à l'occasion de quelque réunion du soir, certains sujets seraient indiqués auxquels on a recours rarement. Je pense en parlant ainsi, pour le passé, à la biographie de ce Piarron de Chamousset, le digne gentilhomme savoyard, philanthrope, dont la grande préoccupation fut de contribuer au bonheur de ses concitoyens. Selon l'abbé de Voisenon, « sa tête était toujours pleine de projets ». On lui doit les premiers essais en France de sociétés de secours mutuels et d'assurance contre l'incendie. On lui doit également la première organisation dans les villes de la « petite poste » substituée à la poste par exprès qui avait suffi jusque-là aux échanges d'idées entre les citoyens. C'est avec raison qu'en célébrant naguère son centenaire, on l'a désigné sous le nom de « premier facteur de France ».

C'est le ton de la causerie qu'il faut employer au cours de ces réunions où se rendent les membres participants ou honoraires de l'une de nos sociétés, c'est-à-dire cent ou cent cinquante personnes environ.

Depuis que la loi du 1er avril 1898 a su grouper en unions les nombreuses sociétés d'un canton, ou même d'un département, les conférenciers en renom ont cherché des salles plus vastes pour y porter la bonne parole. Ceci m'a souvent amené à faire des réflexions sur l'acoustique.

Il est une erreur presque inévitable pour ceux qui n'ont pas une longue pratique de l'art de la parole. Je veux d'abord la signaler.

Prenons comme exemple la salle du Trocadéro où cinq mille personnes peuvent trouver place. Lorsqu'un conférencier se présente au bord du plateau, — je veux dire l'un de ceux qui savent émettre le son et faire porter la voix, — il est tenté, dès le début, de parler très haut pour être entendu de tous les spectateurs, même de ceux qui sont assis sur les gradins du dernier amphithéâtre. Grande erreur! La nymphe Écho se tient cachée dans toutes les loges d'abord, ensuite au balcon, et enfin dans les coins où vient s'arrêter le demi-cercle de toutes les galeries. Tout de suite elle s'éveille et répète tout ce qu'il dit.

Au contraire, il convient de s'ingénier à en adoucir l'éclat, si elle est trop vibrante et trop claire.

Un parlementaire, qui exerce la présidence d'honneur de la *Mutualité indépendante*, y exposait naguère le but et l'action des sociétés qu'il préside. Il sait parler et il a une très bonne voix. Je remarquais cependant que l'écho nous renvoyait sur l'estrade tout le chant de ses périodes nombreuses et animées. Ceux dont le débit est posé, modéré d'allures, échappent à cet inconvénient et à cette fatigue. M. Lourties s'y fait fort bien entendre. M. Fallières, qui tient son papier près des yeux, a le privilège d'y parler longtemps sans effort, bien que le manuscrit ramené près du visage disperse les sons et les fasse dévier des deux côtés de la salle. M. Léon Bourgeois qui improvise, exprimant sur un ton habituellement plaisant des idées très élevées, réussit sans le moindre effort à énoncer les vérités dont il possède l'heureux et abondant dépôt.

J'avais cru moi-même au début qu'il fallait faire porter la voix aussi loin et aussi haut que possible. Mais cela est si fatigant dans ce grand vaisseau qu'on aboutirait à l'aphonie, s'il fallait parler longtemps. On le sent, et l'on comprend vite, d'ailleurs, que c'est tout à fait inutile. Le hasard fit qu'après y avoir assez longuement parlé, je m'assis dans une loge pour écouter l'une de ces jolies comédies proverbes d'Alfred de Musset, dont le sujet même impose aux acteurs le ton de la simple causerie de salon : « *Il faut qu'une porte soit ouverte ou fermée.* » M. Prudhon et Mme Pierson, de la Comédie-Française, se bornèrent à faire placer une table et deux fauteuils aussi près que possible du bord de la scène. Ils parlèrent très distinctement, sans élever la voix. Du début à la fin de l'acte tout le monde entendit fort bien, même aux dernières petites loges qui sont dans le haut de la salle, et de plus, — j'allai m'en convaincre par une rapide visite, — jusque dans le fond de ces loges. Instinctivement chacun se taisait. L'attitude du public était celle que donne, sans qu'on y pense, une attention amusée. Au moment où la parole de leurs dernières répliques expira, ce même public recueilli et charmé fit cesser seul, par ses applaudissements, sa propre immobilité et son religieux silence.

La disposition classique de la tribune parlementaire, de la chaire et des anciennes salles de cours ou de conférences est la bonne. Il faut que celui qui parle soit placé un peu plus haut que ses auditeurs. Cependant, comme la voix monte, dans les établissements universitaires que l'on construit aujourd'hui, c'est la disposition contraire qui est souvent adoptée. Celui qui parle est assis au bas de la salle et ses auditeurs occupent progressivement en s'élevant les places de l'amphithéâtre. Le professeur est, par là même, obligé de lever la tête durant toute la leçon et tous les regards plongent sur la table où sont ses notes. Ces légers inconvénients mis à part, il faut convenir que l'acoustique est ordinairement bonne dans ces salles. Je citerai comme excellente celle de la rue des Trois-Conils, à Bordeaux. Elle est ainsi disposée.

Ce que l'orateur mutualiste évite avec soin, en cela très bien servi par son expérience, c'est la rotonde des Cirques.

Rien n'est plus désagréable, et rien n'est plus fatigant pour le gosier de celui qui parle. Plus la voix est forte, timbrée, sonore, plus le son est éclatant, plus aussi le terrible écho fatigue celui qui parle. On dirait qu'un polisson se fait un malin plaisir de répéter vos paroles. La voix magnifique du père Hyacinthe faisait sans arrêt résonner tous les échos du Cirque d'hiver de Paris. Celle, déjà cassée, d'un vieux parlementaire qui présidait la séance, se faisait entendre sans peine pour lui, et surtout sans fatigue pour le public.

De plus, il arrive ordinairement, si l'on parle en matinée, que l'on peut se passer de lumière dans un cirque, tandis qu'il faut nécessairement éclairer le théâtre. C'est une raison de plus pour donner la préférence à ce dernier lorsqu'on a le choix. Nos anciens ont eu bien raison d'attendre « que les chandelles soient allumées ». La même remarque s'applique aux séances des cours d'assises où se déroulent les péripéties d'une affaire qui passionne le public. La lumière donne à la réunion un air de spectacle. Elle nous fait vivre pour un temps dans ce qu'on pourrait appeler « une atmosphère de rêve ». Ce qui est trop cru s'estompe dans les oppositions d'ombre et de lumière qui se produisent par l'effet des pleins ou des creux sur lesquels la lumière se joue. Qui dira pourquoi la photographie imprime un cachet artistique de tableau au paysage le plus banal, un air de demeure seigneuriale au château le plus vétuste? Il en est de même lorsqu'on parle. Un théâtre brillamment éclairé, une salle où rayonne l'électricité, relèvent la représentation que nous donnons et contribuent à l'effet que nous voulons produire. Il faut se garder seulement de se placer trop près de la rampe. Rien n'est plus désagréable que de subir l'éblouissement par-dessus la table où l'on s'est assis. Le plus simple est d'ailleurs de se mettre à parler sans aucune installation. Cela donne un air d'aisance qui plait fort au spectateur et le prévient en votre faveur.

Ne faut-il donc point se poser de quelque façon? Convient-il, lorsqu'on va parler, de tenir ses mains dans ses poches ainsi qu'un comique de café-concert? J'estime que les conférenciers mutualistes sont ceux qui peuvent le mieux répondre à cette question, car ils donnent le meilleur exemple.

Je ne trouve ailleurs nulle part, chez les autres conférenciers, l'aisance de ceux qui ont appris leur métier au cours de la propagande mutualiste. Dans les théâtres, on parle assis, le verre d'eau devant soi, précaution inutile, car il n'y a ni fatigue ni angoisse pour l'orateur qui n'a pas même besoin de tenir son manuscrit dans ses mains et d'en tourner les pages en y laissant courir ses yeux. Il parle assis commodément dans un fauteuil, et les feuillets de son rapport dûment classés, numérotés, alignés, reposent sur le tapis à larges fleurs d'une table faisant partie des accessoires du théâtre. Le conférencier de salon, de son côté, encore mieux installé dans un appartement luxueux, n'a pas même besoin d'élever la voix pour adresser des madrigaux un peu fades et surannés à un auditoire en majorité féminin. Quant au conférencier mutualiste, dans le cas même où il a besoin de chercher une attitude, ce qui est rare, il se borne à placer le dossier d'un fauteuil ou d'une chaise à la portée de sa main.

Dans les banquets ou dans les fêtes, ce n'est pas lui qui manquera d'expérience au point de rester pris entre sa chaise et la table, comme il est tant d'orateurs novices qui le font. Il se lève, écarte sa chaise, jette les yeux sur les auditeurs quelconques ou sur les convives et, rendu libre ainsi dans tous ses mouvements, il commence à parler avec assurance, avec réserve, avec lenteur. Sa voix s'élève ensuite, s'anime, devient vibrante. Il fait succéder à son exorde, une claire exposition du sujet, répond aux objections qu'il a su formuler de manière à pouvoir les répéter avec succès, argumente, exhorte, supplie au besoin, et enfin conclut.

Il a même inauguré les réunions contradictoires. Est-ce bon? Oui, si l'on veut. Mais il faut qu'il soit bon controversiste, ce qui exige des qualités dont tel autre, parfois un adversaire, est beaucoup plus abondamment pourvu. Il paraîtra peut-être vaincu, bien qu'il ait cent fois raison.

Je conseille, pour moi, de ne point s'interrompre et de renvoyer la discussion à la fin de la séance, si elle est inévitable. Il serait bon même de renvoyer à une réunion spéciale la discussion proposée. On peut certainement, en répondant aux interrupteurs, ou en acceptant la discussion immédiate, perdre ou compromettre gravement les meilleurs fruits et la plus féconde semence du bon grain qu'on voulait planter. L'effet d'une querelle nuit toujours à la paix et au recueillement. Or, c'est à une solennité que l'on vient prêter son concours. Je me suis trouvé bien, parfois, d'offrir de répondre par lettre.

« Chacun son métier », dit fort bien dans l'une de ses fables, l'ingénieux et moral Florian. Le mutualiste est si bien entraîné aux discours d'inauguration, aux compliments à faire à la municipalité qui le reçoit, à la conférence, au discours, qu'il est très rare de le voir échouer, par timidité, par faiblesse, par manque d'idées ou d'arguments.

L'un des membres du jury, au dernier concours des élèves du Conservatoire de musique et de déclamation prétendait constater naguère que « le trac s'en va ». Le docteur Paul Hartemberg, auteur d'un livre sur *les Timides et la Timidité,* aurait-il donc fourni à ceux qui l'ont lu des remèdes efficaces, et tous ceux qui pourraient en faire leur profit l'ont-ils lu? Des actrices disaient jadis qu'elles souhaiteraient le feu au théâtre, ou quelque accident personnel au moment où sonne l'heure de la première représentation. La tragédienne Rachel disait, comme Phèdre :

Et mes genoux tremblants se dérobent sous moi.

Dupuis, qui a tant fait rire les spectateurs des Variétés, avait la vessie malade les soirs de grande première.

Aujourd'hui, les simples élèves du Conservatoire ont tous de l'aplomb, jeunes hommes ou jeunes filles, sans doute parce que ceux qui savent avoir le plus d'empire sur leurs nerfs, ont seuls persisté jusqu'à la terrible épreuve finale. Que s'est-il passé depuis le temps où Coquelin cadet, Le Bargy, faisaient leurs études dans les classes de cette Académie nationale? Ils avouaient qu'ils étaient en proie au trac, chaque fois qu'un rôle important leur était réservé dans une première représentation.

Je crois que cela tient à ce que, maintenant, ils ont pris le parti de vivre entre eux, de former un monde à part. Voyez-les dans les concerts où nous les rencontrons. Ils se tiennent habituellement derrière leur rideau, n'échangeant que de rares propos avec les personnes qui ne font point partie de leur confrérie. Ils ont une assistance à part, des mœurs à part, une vie à part. Parmi eux, les rivalités sont si intenses dans leurs rôles, de femme à femme et de comique à jeune premier, qu'ils parviennent à se désintéresser dans une large mesure des jugements du public. Ils sont soutenus par l'ardeur de la lutte. Ils éprouvent les joies du triomphe lorsqu'ils l'ont emporté sur un concurrent ou sur une diseuse rivale.

Non, le trac ne s'en va pas. Il se fera sentir tant qu'il y aura une tribune ou un théâtre. Ce n'est pas tout le public qu'on a devant soi qui le fait naître. Mais c'est le tempérament qui le crée. Le trac, c'est de la suggestion. Celui qui a peu de dons naturels et qui est parvenu à un talent moyen par l'étude, ou bien celui qui a la témérité d'accepter un engagement qu'il n'est pas en son pouvoir de bien remplir, subissent les atteintes cruelles de leur phobie. Celui qui se sent doué n'éprouve point ces émotions. Il connaît d'avance le résultat. Il sait qu'il réussit toujours. C'est le cas de la plupart des orateurs mutualistes.

J'avais dit, en commençant, qu'il est un art mutualiste. Je pense être parvenu à le caractériser. Il a fait ses preuves en ce pays par une mission qui a réussi, ainsi que le prouvent la création de 23.000 Sociétés et l'adhésion de six millions de personnes. Chez nous, descendants des Gaulois, l'art de parler est national. Aimons-le donc, cultivons-le, sachons gré à la Mutualité de lui avoir fait faire un sérieux progrès. Gœthe et Schiller ont taxé les livres de Mme de Staël d'« intarissable bavardage ». Elle n'en a pas moins donné jadis les vues les plus utiles sur l'Allemagne. Plût à Dieu que d'autres l'eussent imitée et nous l'eussent fait mieux connaître! Pour ceux qui ne savent qu'écrire, le vieux Caton ou Tacite sont d'impardonnables bavards.

CHAPITRE VII

LA DICTION

Le défaut le plus saillant de nos ingénieux orateurs, disons-le nettement, c'est l'insuffisance de leur préparation. Quel ennui n'est-on pas contraint d'infliger à un auditoire ordinairement nombreux, lorsqu'il est permis d'encourir, à la lettre, le reproche de ne savoir pas parler, et cela au point de vue de la bonne articulation des phrases que l'on prononce?

Il est des personnes qui martèlent, en nous parlant, les réponses qu'elles nous font au cours d'une conversation familière. C'est, chez elles, une disposition naturelle. Le cas contraire est de beaucoup le plus fréquent. Dans la rapidité de la conversation, nous négligeons tous d'appuyer sur certaines syllabes des mots que nous prononçons, comme les Anglais font disparaître une moitié des paroles qu'ils ont à prononcer.

Le principal but des professeurs du Conservatoire est celui-ci : enseigner la prononciation à leurs élèves.

« Je gage que la plupart de mes lecteurs, presque tous, s'ils passaient vers cinq heures, rue de Madrid, devant cet établissement qui fut naguère collège et est aujourd'hui le Conservatoire national de musique et de déclamation, et, attirés par les cris perçants d'allégresse, par les hurlements de douleur, et par le bruit des sanglots ou des rires nerveux, ils avaient risqué un œil dans le vestibule; s'ils y avaient vu un gracieux essaim de jeunes filles et de jeunes hommes dont les unes ou les uns se tordaient les bras ou les dressaient vers le ciel, les autres pâmaient de joie ou de désespoir, perdaient et reprenaient connaissance plusieurs fois ; s'ils avaient demandé : « Quelle est donc cette réunion de convulsionnaires? » et si on leur avait répondu : « Ce sont les élèves de « la maison, dont les uns viennent d'être admis, et les autres « de ne l'être pas, à concourir le mois prochain, soit pour la « tragédie ou pour la comédie, ou pour toutes les deux », je gage que presque tous mes lecteurs auraient trouvé ces manifestations excessives, et que l'état d'âme de cette jeunesse leur eût semblé, à la lettre, incompréhensible, comme celui d'une autre humanité. »

Cette observation plaisante a eu pour auteur, à la suite d'examens qu'il était venu voir passer à la fin de l'année d'études, le romancier et auteur dramatique Abel Hermant.

Je ne conseillerai pas à nos jeunes orateurs d'aller jusque là. Pour se préparer à avoir la voix forte et le ton soutenu, il convient seulement de recourir à la *gymnastique respiratoire*. Il faut la pratiquer très lentement, en chassant aussi complètement que possible l'air introduit dans les voies respiratoires par les grandes inspirations que comporte cet exercice. Il suffit de vouloir s'y appliquer. Cela n'est pas difficile.

Mais on ne devra mettre en œuvre, à ce sujet, que la force compatible avec l'état du cœur.

Une fatigue ressentie ferait conclure que l'exercice a été fait avec trop d'énergie, ou qu'il a duré trop longtemps.

Bien peu de futurs orateurs, assurément, ont la précaution de se livrer à de tels exercices.

On risque son premier discours comme on chante sa première chansonnette, lorsqu'on se croit capable d'intéresser les auditeurs, soit en famille, soit à la fin d'un banquet, soit au cours d'une assemblée générale. Ce sont les simples *rapports* écrits pour la Société de secours mutuels dont nous faisons partie qui nous donnent le courage, en premier lieu, de parler au public, parce que nous avons la ressource de les lire et parce que nous savons d'avance qu'ils recevront le meilleur accueil de nos auditeurs toujours bien disposés.

Ce sont les avocats, les prédicateurs, les acteurs, ceux

qui veulent se consacrer durant toute leur vie aux travaux de leur carrière, qui ont intérêt à recevoir l'éducation physique dont l'effet doit être, jusqu'à l'âge de la retraite, de faciliter leur travail. A peine les autres, ceux qui ne sont appelés à prononcer des discours que dans certaines occasions, songent-ils à prendre quelques leçons hâtives, lorsque d'incontestables succès leur ont apporté la révélation de l'excellence des dons qu'ils possèdent.

Il arrive cependant qu'à la fin de certaines réunions, d'assemblées par exemple où se sont produites des contradictions passionnées, des banquets surtout lorsqu'ils ont été longs et lorsqu'ils ont réuni de très nombreux convives, il convient d'avoir non seulement des poumons excellents physiquement, mais encore un organe ayant subi dès longtemps l'entraînement d'une bonne respiration.

Il est une remarque curieuse que j'ai eu l'occasion de faire assez souvent pour être certain qu'elle est fondée sur la réalité. C'est celle-ci : le public s'adapte instinctivement aux circonstances. Il prête l'oreille avec complaisance, sitôt qu'il s'aperçoit que celui qui parle n'a qu'une voix faible, ou bien qu'il n'a pas la prononciation assez nette.

A peine ce dernier a-t-il commencé son discours, des voix s'élevant dans l'assemblée, crient : « Plus haut, plus haut! » L'orateur ou le lecteur tente vainement d'élever la voix. Il prononce avec application deux ou trois phrases d'un ton plus soutenu. Après cela, il retombe invariablement dans son débit monotone, semblant n'avoir aucune idée de ce qu'est un son perceptible, étant surtout radicalement incapable de donner à sa parole la moindre sonorité.

C'est principalement au moment des toasts que cette obserservation est curieuse à faire. Les jeunes attachés au cabinet du ministre qui viennent le remplacer à la présidence — j'en ai vu de dix-huit ans! — profitent de la circonstance pour s'entraîner à l'improvisation, pour peu qu'ils soient inscrits comme stagiaires, au tableau des avocats. Il en est qui tirent un manuscrit de la poche de leur habit et qui se mettent à le lire, s'acquittant de la corvée sans le moindre éclat. Le public attend la fin de cette épreuve, tantôt intéressé, tantôt gêné et même en quelques circonstances morne et oppressé.

Lorsque l'orateur qui leur succède se trouve avoir l'articulation nette et la voix forte, lorsqu'il sait envoyer les sons au loin et les faire porter jusqu'au fond de la salle, une détente immédiate se produit, les réflexions à voix basse s'échangent joyeusement. Il est certain qu'il va être fort applaudi.

Mais tout cela ne se passe pas sans bruit. Il est obligé d'élever la voix de plus en plus. On l'entend si bien qu'on n'essaie même pas de lui rendre la tâche facile. Ses efforts réitérés ont du succès, et il sait les accomplir jusqu'au bout, Mais il est obligé de se fatiguer, sa voix s'éraille. Il gardera deux ou trois jours dans son organe, par un léger enrouement, la trace de cet effort.

Il est déjà difficile, ainsi que cela découle de ce que je viens d'écrire, de faire ce qu'on veut de sa voix. Il faut en même temps, pour y parvenir, des dons naturels et beaucoup d'entraînement. Mais l'explication technique de ces actes naturels est plus conjecturale encore.

Aux localisations craniennes de Gall, Broca substitua les localisations cérébrales, en particulier celle du langage. A Bicêtre, en autopsiant le cerveau de deux malades privés de la parole, il crut voir que la substance grise du côté gauche, à l'endroit où elle se renfle pour former la troisième circonvolution frontale, était détruite chez eux. Il attribua leur mutisme à cette circonstance et plaça le centre du langage au pied de la troisième circonvolution frontale gauche.

M. Pierre Marie, actuellement professeur, dit que le centre du langage est dans le cerveau. Il y a deux fonctions : articulation et idéation. Il y a donc deux sièges. La première fonction se place tout à fait au centre du cerveau, dans le quadrilatère de Pierre Marie, parmi des noyaux de substance grise. De là partent des fibres qui vont en arrière et au sommet du cerveau dans une partie de la substance grise appelée zone de Wernicke : c'est à cette place que se fait l'idéation.

Tout se réduit, en somme, à un centre intellectuel et un

centre mécanique reliés entre eux. Ce dernier élabore l'idée, et le quadrilatère fait déclancher l'articulation.

Les aphasiques sont ceux chez qui ce mécanisme est hors de service.

Voilà donc un coup d'œil jeté tout ensemble sur le travail oratoire intellectuel et sur l'articulation des sons dans les rapports qu'ils ont entre eux.

Qu'y a-t-il, au fond, dans les réflexions que nous devons être amenés à faire sur tout cela? Un enseignement de clarté, de force et de précision.

La caractéristique d'un tel art et celle de la poésie se placent aux deux pôles opposés de notre entendement.

Qu'on pense aux leçons de Verlaine!

« De la musique avant toute chose. — Ne sois point trop précis, crains la trop grande clarté. — Pas de couleur, la nuance. — Crains la pointe, l'esprit, le rire. — Pas d'éloquence, étrangle-la. »

Il l'a dit en vers, également :

Que ton vers soit la bonne aventure
Éparse au vent crispé du matin,
Qui va fleurer la menthe et le thym,
Et tout le reste est littérature.

L'art de Rachel dans la diction était fait précisément de force et de clarté, de précision. Toute fatigue était épargnée par elle à l'oreille et à l'esprit.

Les moindres intonations de ses hémistiches sont restées dans la mémoire des auditeurs. Elle leur donnait un sens juste et profondément marqué, n'en laissant aucun sans un accent ému, tandis que depuis, nous avons vu des lèvres au nom retentissant les laisser tomber.

C'était cependant sans les souligner, sans artifice surtout, ni raffinement, mais avec un naturel parti du cœur.

Son triomphe, ce fut je crois d'exprimer la vérité profonde. D'autres se préoccupent de ne point s'écarter de la noblesse et de la hauteur de vers superbes.

Elle n'avait pas cette crainte.

On peut signaler, pour la diction, parmi les livres d'enseignement récemment parus, l'*Initiation à l'Art de dire*, par Mme Nancy Vernet. Ce petit livre a été publié l'an dernier, avec une préface par Jules Claretie. C'est un écho fidèle des leçons du Conservatoire. On peut résumer ainsi la leçon qui y est donnée : poser la voix, bien articuler, bien prononcer. Les maîtres eux-mêmes y trouveront des conseils : modération, sang-froid, patience. Ce n'est pas une idée bien difficile à concevoir, puis à mettre à exécution, que celle de résumer l'enseignement des maîtres et d'en formuler les règles principales. Encore fallait-il l'avoir !

Il faut être du métier pour savoir quel est le prix inestimable d'une bonne élocution et aussi pour avoir l'oreille écorchée par l'accent d'un provincial ou par le bredouillement d'une voix qui ne sort pas.

Mais n'ayons pas trop d'exigence. Le public est plus indulgent que l'homme qui disserte. Il est un don essentiel que les mutualistes possèdent au plus haut degré : c'est de trouver aisément la véritable et profonde communication du cœur au cœur.

N'oublions pas le reproche d'excès qui put être adressé avec justice à Lucien de Samosate. Ingénieux jusqu'à la subtilité, le moraliste écrivit un *Dialogue sur la danse*. Il imposait au danseur « l'obligation de connaître la poésie, la géométrie, la musique, la philosophie et la fable, afin qu'il sache exprimer les passions de l'âme, d'emprunter à la peinture et à la sculpture les différentes attitudes du corps humain, de façon à égaler par l'eurythmie de son maintien l'art du sculpteur Phidias et du peintre Apelle... Il lui faut encore, ajoutait-il, une mémoire universelle et la connaissance de tout ce qui s'est passé depuis la naissance du monde, jusqu'à la mort de Cléopâtre, reine d'Égypte ».

N'allons pas plus loin. Nous n'en demandons certes pas tant aux orateurs mutualistes.

VIII

UTILITÉ D'UNE ÉCOLE D'APPLICATION

Si les progrès de notre institution en France avaient continué avec la même puissance et le même éclat qu'au début du mouvement que de généreux efforts et le concours de Gouvernements libéraux avaient déterminé, de 1889 à 1900, les orateurs mutualistes seraient devenus légion. La nécessité d'une École d'application pour les préparer à leur tâche n'aurait semblé douteuse à personne.

Il n'en a pas été ainsi, nous le savons bien, à partir du jour où une mutualité obligatoire, en matière de retraites, a fait subir sa redoutable concurrence à la prévoyance libre.

Mais, quoi qu'il en soit, il n'est point malaisé de s'en rendre compte encore aujourd'hui, l'*école d'application* serait utile en vue de l'enseignement de la *diction* et du *style parlé*.

Sans diction et sans action, le discours le mieux adapté aux besoins des auditeurs reste voué à l'impuissance.

Il existe deux grandes classes de diseurs : les acteurs et les orateurs. La diction oratoire est bien plus simple que celle des diseurs de profession. Ceux-ci étudient par le menu le texte à mettre en valeur, et ils font quelquefois des trouvailles de génie, je l'admets, mais quelquefois seulement.

Très différente est la diction oratoire. Elle est plus négligée, mais plus vibrante, par le charme souverain de l'action spontanée. Les orateurs et les conférenciers mutualistes devraient connaître les deux dictions et se montrer, au besoin, capables d'en exposer les règles.

Mais il faudrait une école pour cela. Les anciens ont possédé plusieurs écoles d'orateurs dont le souvenir ne s'est pas perdu.

Les Romains en eurent une célèbre, comme les Grecs avaient eu celles de Démosthène, d'Eschine et d'Isocrate. Je veux parler de celle de Cicéron. Il faisait œuvre de professeur, en effet, lorsqu'il écrivait, soit le livre de l'*Orateur*, soit les *Léttres* à Herennius.

L'influence du maître en rhétorique se fait sentir sur ses disciples durant toute leur vie.

« Une des plus désopilantes distractions des examinateurs du Conservatoire consiste à deviner, sur l'audition des candidats, de quelle classe et de quel professeur relève chacun d'eux. » C'est un critique connu, examinateur lui-même, qui écrit cela.

Les élèves de Got jouaient saccadé. Ceux de Delaunay traînaient la voix avec quelques intonations nazales. Ceux de Maubant disaient « Médème » pour madame, et « Erbète », pour Arbate.

Le tragédien Beauvallet disait jadis : « Ceux qui *gueulent* comme des sourds, n'en doutez point, sont mes élèves; ceux qui marchent sur la pointe des pieds appartiennent à Samson. »

Ce ne sont pas les meilleurs disciples, mais ceux qui ont le moins de goût qui se donnent « les tics » des maîtres.

Ces justes observations sur la diction ont eu pour auteur l'ancien directeur de théâtre, M. Félix Duquesnel.

Est-il facile de créer l'une de ces écoles?

J'ai déjà fait une discrète allusion à celle qui professa l'art oratoire sous Louis XIV. Lorsqu'on constatait le succès d'un Bossuet, d'un Bourdaloue, d'un Fléchier, à la cour et à la ville, n'était-il pas inévitable que l'on cherchât à leur ressembler? Combien de jeunes ecclésiastiques ou de futurs magistrats n'ont-ils pas dû apprendre par cœur et répéter l'exorde de l'oraison funèbre du grand Roi, en s'exerçant devant la glace de leur cabinet de toilette à en formuler, d'une manière sérieusement oratoire, le mot sublime par lequel elle débute : « Mes frères, Dieu seul est grand. »

Jean de Soudier, seigneur de Richesource, fut « le modérateur », c'est-à-dire le président de l'Académie des philosophes orateurs, sous Louis XIV, à Paris.

Il tenait un cours d'éloquence « garanti », place Dauphine.

Le « bel art » fut exposé par lui en 1667, dans « le *Masque des orateurs* ou *l'Art de déguiser facilement toutes sortes de discours.* »

Fléchier, le futur évêque de Nimes, lui avait demandé de l'écrire, et il en composa lui-même la préface en vers :

> Oui, la savante rhétorique
> Sait donner à l'Église aussi bien qu'au Palais
> Des orateurs parfaits...

C'était le plagiat porté à sa plus haute puissance par trois opérations qu'il fallait apprendre à cette école : transposition, démonstration et amplification. On a reconnu sous ces noms quelque peu bizarres, les trois parties invariables de la rhétorique.

Ces trois parties de l'art sont fort utiles à connaître pour éviter de trop longs discours.

Un Carme, frère Thomas Conecte, avait jadis déclaré la guerre au hennin, haute coiffure de femme, écrit Monstrelet dans ses *Chroniques*.

Escorté de quelques disciples, il dressait un échafaud sur la place publique et il déversait, de là-haut, les flots d'une éloquence indignée.

Il parlait quatre et cinq heures d'horloge et huit à dix jours de suite sans être las, et même sans être à bout d'arguments. A Lille, il prêcha dix-sept fois, et l'histoire assure que le bon duc Philippe ne manqua pas un seul de ses sermons.

Quel bon duc, en effet, et quel auditeur indulgent! Il y a un excellent moyen de n'en plus finir, lorsqu'on parle. C'est de débiter à une certaine heure, et d'un cours régulier, toutes les annales du monde et l'histoire universelle.

Il y aurait donc, dans une école des orateurs, tout ensemble, un cours d'éducation civique, économique et artistique. Cela est fort bien indiqué dans un morceau de M. Guisth'au que je note au passage.

« Qu'est-ce que ce nom « Léonidas », — demande-t-il, — tout à coup jeté dans une mémoire, pourrait apporter de nouveau dans le cœur d'un tout jeune enfant, s'il ne s'y ajoutait, en effet, une signification profonde, si l'esprit n'apercevait pas le lien étroit entre tant d'héroïsme et la terre natale, s'il ne comprenait pas les hautes raisons pour lesquelles, à de certains moments, même la mort paraît aimable, en tout cas préférable à la perte du sol qui nous a vus naître et des libertés qu'on y respire ? »

On cultiverait en même temps, dans une telle école, l'une des plus précieuses facultés de l'homme, la mémoire.

Comme l'a écrit naguère M. Georges Art, professeur au Conservatoire de Nantes, dans un beau travail auquel on ne saurait reprocher autre chose que d'être un peu trop touffu, la mémoire joue un rôle capital dans l'œuvre de l'orateur. Elle est une source d'action, d'énergie. Elle est en même temps une cause de santé morale, mentale, voire physique. Elle est le moteur de la faculté mnémonique. Celle-ci, de son côté, n'a pour base que l'observation. Or, elle est éminemment susceptible de progrès et de développement. Mais comment de tels gains peuvent-ils être réalisés? Par une méthode rationnelle qu'il faudrait faire connaître aux jeunes gens. C'est ce que l'auteur a fait, espérant que son très utile volume serait lu et enseigné avec profit parce qu'il est le résultat d'études patientes dans les domaines divers de la physiologie et de la psychologie.

Où ne se retrouve pas aujourd'hui l'influence de William James, de Bergson et de Boutroux? *L'inconscient* a sa part dans cette œuvre. Nous avons en lui, suivant M. Georges Art, notre collaborateur le plus fidèle, « notre ami toujours vigilant, quoique trop souvent méconnu ». Cicéron proposait à l'orateur d'échelonner les arguments de la cause qu'il voulait défendre et de mettre un signe quelconque, un arbre, une maison, une clepsydre, un pied ou une main, au commencement de chaque nouvelle étape à parcourir. C'est sans doute ingénieux, mais il faut trop savoir deviner pour adopter un tel système, pourrait-on dire. Ceux qui veulent parler ne possèdent pas cet art. Au contraire, en adoptant la méthode du professeur de Nantes, on n'aurait qu'à se laisser vivre et à ouvrir la bouche pour parler. A l'esprit spécialement cultivé de l'orateur, les arguments se présenteraient tout seuls.

Le trafic, d'autre part, n'est-il pas instinctif et naturel? On a fondé néanmoins des écoles de commerce. Dans notre pays, comme on dit, tout le monde parle bien. Mais il ne faut pas s'attendre seulement au don naturel, comme les jeunes ténors que la région toulousaine nous fournit en abondance le faisaient au temps de ma jeunesse. Ils gazouillaient au clair de lune, comme des rossignols, le soir des beaux étés méridionaux. Ceux d'aujourd'hui viennent gagner des centaines de mille francs à l'Opéra-Comique, au Théâtre Lyrique ou à l'Opéra, parce qu'ils ont, maintenant, un Conservatoire à Toulouse où des professeurs éminents leur font voir, par des leçons de choses, quel perfectionnement l'étude peut ajouter à la nature.

Je suis fort attentif à tout cela, ayant dû parler sans cesse dans la chaire du professeur, du prédicateur ou du conférencier, depuis mes jeunes années. Eh bien, je le déclare, je ne connais pas dans ce pays-ci une seule École d'Orateurs qui soit digne de ce nom.

Le clergé se réserve pour les imposantes cérémonies du culte, et il délègue la mission de prêcher à des congrégations régulières. Les autres cultes ont des exercices homilétiques faits sous la direction d'hommes de goût, qui sont personnellement distingués mais ne sont pas de vrais professeurs. Les jeunes avocats ont des conférences qui sont de simples parlotes. Tout au plus ceux d'entre eux qui se destinent à la Cour des Comptes, au Conseil d'État, à la politique, vont-ils chercher des modèles dans quelque conférence Molé ou Tocqueville. Il est assez fréquent qu'ils en trouvent dans ce milieu distingué. Mais ils y vont pour s'instruire, pour écouter, non pour faire des exercices personnels sous l'œil d'un maître, ni pour se corriger de leurs défauts.

Oserai-je l'écrire? Il y aurait intérêt à ce que le mutualiste prît habituellement sa retraite un peu plus tôt, avant d'avoir eu le temps de trop sentir le poids des ans.

Je sais bien qu'on a trouvé naguère un grand nombre de « Vieux mutualistes » à récompenser par des attributions de médailles. Je sais bien également qu'il y avait dans la Grèce antique un Prytanée et que la glorieuse retraite qu'il offrait était destinée aux *divins* vieillards.

Je sais aussi ce que la fin de l'activité pour l'homme laborieux et ami de l'épargne a de douloureux, de décourageant, parfois même de tragique.

Les lettres de Louis Veuillot à Mme Volneys, son amie (Léontine Fay, morte à Nice en 1876) ont appelé l'attention du public sur cette intolérable mélancolie, lorsqu'un des amis du célèbre journaliste les a publiées en août 1913.

Après tant d'années de labeur, l'écrivain se sent las et comme accablé par une faiblesse nerveuse. Il n'est point malade, mais les mots lui manquent.

Écrire, qui lui était une joie, lui devient un supplice. L'impuissance quand on est habitué à la lutte! La plume est lourde à porter lorsque, au lieu d'encre, on la charge du sang de ses veines.

« Il me semble bien que je décampe, ma chère amie », écrit-il.

Oui, je sais tout cela, et je ne méconnais pas les services que tant d'hommes d'État âgés, fort capables encore de prendre part aux débats parlementaires, peuvent rendre, grâce à leur expérience (avertie de tout) et à leur sagesse. Mais s'ils avaient l'espérance joyeuse de professer l'art qu'ils ont si bien connu, ne seraient-ils pas les premiers à appeler de leurs vœux une telle fin de carrière?

L'organisation, partout insuffisante d'un tel enseignement chez nous produit des effets sur lesquels, avant de terminer, je veux attirer l'attention de ceux que ces diverses considérations intéressent.

D'abord, voulant faire un discours, ils ne savent pas en disposer le plan selon les règles de l'art. C'est le fameux panier de noix où rien n'est foncièrement mauvais, mais où tout se présente dans l'ordre dispersé et va de guingois.

De plus, au point de vue de l'application, ils n'ont pas le don de savoir exposer leurs réflexions au public. « Il parle pour lui », se dit ce dernier lorsqu'il les entend. Or, il est évident qu'alors, on ferait aussi bien de se taire. L'orateur doit sortir de lui-même pour agir. Il est nécessairement altruiste. Il doit avoir pour devise : *non multa, sed multum*.

Rendons-nous compte de cela, retenons-le, et agissons pour l'avoir, si l'obligationisme qui nous envahit depuis quelque temps ne finit point par supprimer le verbe mutualiste, et par réduire partout le fait de propagande philanthropique ou charitable à l'entretien avec des employés sortant de l'école primaire, assis derrière le guichet des *Offices* qu'il veut toujours créer.

Notre race a besoin d'expansion par la parole. Elle a conscience d'avoir en soi quelque chose qu'il faut répandre pour le bien de la société, le sel de la parole et l'épée de l'esprit.

Il est d'autres pays qui ont conscience d'être moins bien doués, sous ce rapport. L'Américain n'exalte l'action (*business*) autant que l'on sait, que pour dissimuler l'indigence de son imagination et le rôle de muet auquel il est préparé par la nature. Parlant d'une conférence d'Hélène Keller, jeune fille sourde-muette-aveugle à Boston, l'humoriste E. Combes écrit fort justement ce qui suit :

« De tous les pays que j'ai vus, c'est aux États-Unis qu'on « parle le moins haut dans les endroits publics. Un éclat « de voix, un rire, un mot clair dans une conversation, sont « considérés comme étant le fait de gens mal élevés... »

« On se salue, on s'accueille à voix basse. On se chuchote « des nouvelles et des remarques. Chacun tient à marquer « par cette bonne tenue qu'il n'est pas un émigrant de la « ville, mais un véritable Américain. »

Les femmes elles-mêmes, cherchent dans un silence rempli de dignité la preuve d'une haute distinction. A ce compte, ce n'est ni à New-York ni à Boston que Boursault aurait pu écrire sa célèbre scène *des Bavardes*.

J'en ai dit assez maintenant sur l'utilité qu'une école d'application aurait chez nous; en attendant, on n'est pas privé d'utiles leçons. On n'a qu'à suivre tous ces hommes éminents que j'ai précédemment signalés. Ils ont une maîtrise incontestée. Ils donnent de beaux exemples, soit qu'ils se trouvent appelés à prononcer de fréquents discours à la tribune, soit que, comme MM. Barberet, Villard, Bonnier, Montet, Aubrun, Marignan, Cassagnade, Hérente, Coulomb, Baillat, Houdion, Hollenderski, Lesueur, Deruelle, Deborde, Hugot, de Pachtère, Peillon, j'en passe, et des meilleurs, ils paraissent avoir quelque prédilection pour la conférence.

Ce qui est vrai, enfin, c'est qu'il y a des époques plus spécialement oratoires, et l'on peut dire que, d'une manière habituelle, ce sont celles où la musique et la poésie ne brillent point d'un vif éclat. Cela s'explique à merveille. Ce n'est pas à la rêverie que l'orateur veut nous porter, mais à l'action. J'ai lu plusieurs fois dans les feuilletons musicaux de M. Pierre Lalo — et j'y souscris sans peine — l'expression très énergique de cette remarque et la défense de cette opinion.

« Il n'est point d'époque, écrit-il, qui ait été moins lyrique et musicale que celle de la Révolution française. C'est une époque toute oratoire, toute déclamatoire, toute en grands mots et toute en discours. Chacun sait qu'elle n'avait point de musique en elle et qu'elle n'en a produit aucune. Les hymnes révolutionnaires, pompeux, superficiels et vides, ne sauraient prétendre au nom de musique.

Lorsqu'un peuple est naturellement porté à parler comme ces Gaulois dont César a dit, dans ses *Commentaires*, qu'ils se distinguaient par deux traits — *rem militarem et argute loqui*, — il suffit qu'il trouve un sujet auquel puisse s'appliquer le talent qu'il possède et le don qu'il a.

Or, il ne saurait avoir de plus beaux sujets que ceux-là : la prévoyance, l'ordre, l'économie, puisque ces qualités et ces vertus sont parmi les plus nobles parties de l'éducation.

FIN.

TABLE DES MATIÈRES

Typographie Firmin-Didot et Cie. — Mesnil (Eure).

www.ingramcontent.com/pod-product-compliance
Ingram Content Group UK Ltd.
Pitfield, Milton Keynes, MK11 3LW, UK
UKHW021116260726
13994UKWH00002B/909